天下文化
BELIEVE IN READING

領導自己的人生

盛治仁的生命管理哲學

Leading Your Own Life

盛治仁——著

目錄

PART

2

務實走自己的路

PART 3

品格決定你是誰

前言

認識自己，守住美好的初心

「成為你自己。」
——尼采（Friedrich Nietzsche）

二〇一一年十一月十八日，我從內閣最年輕的部會首長，變成因案辭職下台的犯罪嫌疑人。人生際遇的改變可以如此劇烈，當時怎麼也沒想到，這個挫折，會成為我日後成長的養分。

我是在高雄縣鳳山市五甲一家雜貨店家庭中長大的小孩。父親是退伍軍人，母親小時候因大陸戰亂逃往越南，成年後才回台和家人團聚。身為家中唯一的小孩，父母親全力避免他們在戰亂中未能好好受教育的遺憾在我身上重演，一直對我灌輸要好好念書，以後到美國讀博士的期許。我也不負期望，認真地往這個方向努力，靠著學校獎學金完成學業，拿到了西北大學（Northwestern University）政治學博士後，到東吳大學教書。

在申請學校的時候，除了西北政治系之外，我同時也收到紐約大學（New York University）MBA的錄取通知。學校的簡介資料很誘人，畢業生第一年的平均年薪是六萬美元，第二年則是十二萬美元（要知道這是三十多年前），而且只要兩年就能畢業。相對於政治系博士班至少需要五年時間才能畢業，畢業後就業機會少且平均薪資又較低，親友們多勸我選擇MBA。但我還是決定就讀自己較有興趣的政治科學，未來的發展到時再說，誰知道上帝帶領我繞了一大圈，現在在企業界工作。

我很喜歡教書的工作，也勝任得很好，七年間從助理教授、副教授升等至教授，教學評鑑也獲得學生很高的評價。由於我的研究專長是選舉和民調，在教書之餘也經常獲邀上談話性節目分析政局，因此獲得一些出任政治職務的邀約，包括了馬英九市長時期的研考會主委，以及連戰主席任內的不分區立委等，我都予以婉拒，因為喜歡也習慣了自主自在的學校生活。

一直到遇見了鍥而不捨的郝龍斌市長，以六天內會晤三次的誠意打動了我，加入北市府團隊，除了研考會例行事務之外，又額外主責1999市民熱線、聽障奧運籌辦以及上海世博台北館申請等工作。坦白說，行政工作辛苦且成就感不高，又要面對持續的批評和許多不實的指控。在我籌辦聽奧的最後一個月，既要承擔賽事的壓力，又要面對多數不屬實的政治攻擊，一個月就瘦了六公斤，只好自嘲是免費的減重服務。所以我在聽障奧運閉幕典禮的隔天，就離職回到東吳報到。

在我回到學校前的一、兩個月，市長邀請我接任副市長，總統府邀請我接任文建會主委，基於上述心力交瘁的過程，我兩個職務都婉拒了，沒想到這個決定還是影響到我未來的職涯。因為根據學校規定，我回去報到之後，兩年內不能再借調。所以當後來高朗副祕書長不下十次聯繫邀約我接受文建會的職務時，我必須辭去教職，這個決定讓我在離開文建會之後無法歸建學校，才有可能現在在企業工作。

接任文建會主委後四個月，我又被指派兼任了建國百年基金會執行長，負責規劃推動數百項中央、地方政府和民間的活動。其中的一項國慶晚會音樂劇〈夢想家〉因為經費高昂，在總統大選期間成為被攻擊的議題，被質疑有貪汙或是圖利的問題。即使我選擇站在第一線，每天面對各式各樣的質疑提出說明，終究還是無法擋住層出不窮的抹黑指控。為了不要影響選情，我選擇辭職並把案件移送檢調單位徹查。雖然調查結果在九個月左右就結案還我清白，但是過程中的抹黑攻擊，以及在這種情況下離開公職，成為我人生中的重大挫折和羞辱。所幸當時也感受到許多溫暖的支持力量，算算有不同類型的九份工作邀約，讓我至少感覺沒有被整個社會誤解。

到了雲朗任職之後，從老闆身上學習了許多價值觀和做事方式，也受到許多同事們的教導協助，讓我能夠盡快進入狀況，貢獻己力。兩年後再回顧，我深深感受到當時國慶晚會的挫折是個偽裝的祝福（blessing in disguise），把我從充滿鬥爭的政治環境抽離到一個可以聚焦在做事的工作，不但更有成就感，還可以在工作和生活間得到更好的平衡。

以上這些生涯的轉換過程和挫折經驗，給了我無比豐富的人生體驗，可以說是在加速器中成長。學術界、媒體、政府和企業是截然不同的環境，各有不同的思維價值、運作方式和績效評估指標，當然也有不同的成就感和痛點。這些經驗讓我學習從不同角度看事情，以同理心思考不同觀點。

國慶晚會的抹黑當然是我人生中最難忘的印記，但也帶給我最多成長。在相對年輕的時候遭遇如此強烈的打擊，一方面讓我還有重新站起來的時間和機會，另一方面也讓我擁有了面對挫折和危機的心理素質，深知「沒有殺死你的都會讓你更強大」；更重要的是，這個過程讓我了解到人生什麼才是最重要的事。我們汲汲營營追求的名和利，一夕之間就會消散，但是信仰、親情和友情，卻是可以伴隨我們一輩子的人生支柱，只要你願意去用心維護經營。

當我在官方職務上時，好多人都來稱讚，想交朋友，一不小心就會讓人誤以為是因為自己很優秀，其實人家是看到你手上有資源。等到離開職務後，會發現有些當時奉承的人趁機背後插兩刀，也有些原不認為有深厚交情的人站出來雪中送炭，為你說幾句話。這個過程如人飲水，讓我嘗到了現實的人情冷暖，更深刻體會人生重要的優先順序為何。

《與成功有約》（*The 7 Habits of Highly Effective People*）的作者史蒂芬・柯維（Stephen R. Covey）有一次去舊金山演講，跟女兒辛希雅（Cynthia Covey）做好了規劃，在演講後要一起度過溫馨的父女時光。孰料在演講會場巧遇重要的生意夥伴與好友，邀請他們父女會後到舊金山最好的餐廳敘舊。辛希雅心想完了，之前的所有規劃和期待要落空了。沒想到，柯維當場婉拒了邀約，說已經和女兒做好計畫，下次再聚。在那一刻，十二歲的辛希雅看到了自己在父親心目中的重要性，並且永遠記得自己比父親的生意夥伴更重要。

看到這個故事時我非常難過，如果是我之前遇到這個場景，九成九會答應朋友邀約，因為我沒有把自己人生的優先順序看清楚。我們經常認為，「以後有時間」再來陪伴家人朋友，現在先處理較急迫的工作項目。但以後是不是真的還有時間和機會，只有上帝知道。澳洲的安寧病房看護布朗妮・維爾（Bronnie Ware）在照顧了數百位瀕死病患後，整理出多數人共同的人生遺憾，其中包括花太多時間在工作、過著一成不變的生活、沒有花足夠時間陪伴親友等。

多數的人，以攀爬一座又一座的山做為奮鬥目標，心裡想的就是只要再堅持忍耐一下，到了山頂達成目標後就能滿足、放鬆了。殊不知，達成了現在的目標後，隨即又出現下一個目標，人生落入這樣的循環而不自知，猛然回頭才發現已經虛度了大半輩子。

金凱瑞（Jim Carrey）說：「我希望每個人都能名利雙收，完成夢想，這樣他們就會明白這些都不是人生的答案。」我現在的心態跟一般人理解的恰恰相反，人生重要的是過程，而不是結果。不管你一生奮鬥得到多少名利，都將如浮雲消散。再大的成就和名聲，在時間的淘篩下，若干年後沒有人會記得或在意。只有好好享受生命的每一天，「活在當下」，以熱情和自己的價值觀活出屬於自己的快樂和成就感，在過程中能夠成為他人的祝福和幫助，才不負人生走這一遭。

因為過去的這些經歷，讓我這些年經常思考人生價值和意義這個議題，我提供的個人具體經驗不是那麼重要，但希望促成讀者認真思考自己人生的優先順序，以及現在專注目標和所作所為，在未來回顧時，是否會徒留遺憾悔恨。不要爬了三十年的山之後，才發現爬錯了山，但願我們現在就能找到屬於自己的人生山峰，好好領導自己的人生。

PART 1

看見真正的自己

想預約美好人生，就要先了解自己、找到初心。

01

人生究竟是什麼？

「我決心讓每一刻都值得。」
——佛羅倫斯．南丁格爾（Florence Nightingale）

名作家侯文詠大學時就讀台北醫學院醫學系，但其興趣卻是喜愛電影和文學寫作。畢業後進入台大醫院實習，擔任過台大醫院和萬芳醫院的麻醉科主治醫師。他在三十六歲時下定決心辭去醫療相關職務，專心文學創作。他在擔任主治醫師期間，有五年時間在做癌末病人的疼痛照顧，看到這四、五百位瀕死的病患，在乎的不再是財富、名氣和地位，而是與親友的關係，以及人生走這一遭究竟留下了什麼。

這段經驗幫助侯文詠做出了轉換跑道的選擇，決定了他成為什麼樣的人、過什麼樣的人生。

我們經常不由自主地因為社會框架而去扮演不同的角色，以滿足不同人對我們的期待，結果在過程中反而更加迷失自己。我雖然沒有侯文詠先生那種毅然決然放棄醫師專職，去當作家的勇氣和經歷，但是在經歷命運之手帶來的生命轉折後，也有一些類似的體會。

努力是為了證明自己，但有誰在乎呢？

原來一個單純的大學教授，因為研究選舉民調的領域，回台任教時剛好碰上了台灣最熱的選舉時代，意外地獲得了沒有想過的知名度和媒體收入。機緣巧合下進入行政單位服務，經歷了權力的擁有，也體驗了鬥爭的殘酷。後來無預期地進入企業界，也體會了業績壓力和民眾的生活重擔。

在這些轉折和體驗的背後，有一個問題不斷浮現出來：人生究竟是什麼？走這一遭的意義在哪裡？長期以來，因為知道不會有答案而沒有去深入思索的這些問題，有時也會突然鮮明地跳出來。

有了一些知名度之後，自然有喜歡你和討厭你的人。其實我沒有喜歡我的人想像得那麼好，也沒有討厭我的人想像得那麼糟。透過媒體報導認識的我，經常是被過度美化或醜化。回顧過去，我也一直追求世俗定義的成功，且過度在意別人的看法。

先前看到名廚江振誠先生做出一個極具啟發性的決定：退回新加坡餐廳的米其林二星，選擇回到出生地台灣，用教育培養人才。他放棄各式各樣的頭銜和媒體讚譽，決定「重回原點，調整未來人生的方向，重拾最初做菜的快樂」。讓人反思，身為一位頂尖廚師，要追求多少顆星星才夠？更多的星星，究竟是有助或有礙於找回初心的單純快樂？

其實世俗的成功並無法帶來那麼大的喜悅，而失敗與挫折，也沒有那麼難以克服。過去曾有一段時間，我經常有意無意地想要證明自己現在過得很好，背後的其中一個原因，是要讓過去曾經想要傷害我的人看到他們並沒有得逞。現在想想有點可笑，who cares（誰在乎呢）？

每個選擇，只需對自己負責

事實上，我們所有念茲在茲的成就或失敗，百年之後都自然化成一縷清煙，隨風飄散。即使此時此刻，除了自己之外，也沒有幾個人真正在乎。何必讓他人評價或是世俗標準，來決定自己的選擇、制約自己的行為？可惜的是，能夠看透者幾希，看透後又能夠採取行動的更少。

到頭來，人生什麼都不擁有，只擁有曾經活過的時間，要怎麼運用這些時間，才是我們必須做的最重要決定。侯文詠、江振誠和你我一樣，都是平凡人，只是他們做了一些不那麼平凡的人生選擇。希望從他們身上得到的啟發，讓我們不用等到七十歲，就可以領悟「從心所欲不踰矩」的道理。讓自己也能回到初心，對得起自己的一生和造物主的恩典，以至最終可以說出：「那美好的仗我已經打過了，所信的道我已經守住了。」

02

這一生，你想怎麼活？

「人的思想和優先順序將決定他的人生。」
——詹姆斯・艾倫（James Allen）

人生中的各種際遇和所思所感，相互堆疊後，經常會將自己的思緒帶到對生命的底層思考：人生到底是怎麼一回事？

在一週內閱讀了描述胡為真祕書長家族史的《國運與天涯》，也觀賞了表演工作坊的〈江雲之間〉舞台劇，彷彿看到時代和世代興衰演變的縮影。更在新聞看到太魯閣列車意外的心碎，以及重讀蘭迪・鮑許（Randy Pausch）教授的《最後的演講》（*The Last Lecture*），則是感受到命運的不可預測和個人的無力感。以下分享四個事件堆疊交錯，帶給我的震撼和省思。

《國運與天涯》記錄了胡宗南將軍和胡為真祕書長父子，在國家危難之際於軍事及政治上面對的挑戰。〈江雲之間〉則是從一對錯置的戀人故事中，呈現時代巨輪碾壓一代人命運的輓歌。《最後的演講》是鮑許教授在罹患胰臟癌，只剩下幾個月生命時，應邀到學校演講，希望留下影音紀錄給年幼的孩子們長大後可以觀看的父親叮嚀。這些在幾天之內接連發生的閱讀、觀看和事件經驗，讓我產生了一些想法，這些想法沒有明確來源、系統和邏輯，只是當下對人生的一些即時反應。

有滋有味才叫「活著」

● 人生就是意外　人的一生，是由一連串意料之外的事情排列組合而成。意外其實是人生中的必然，遇到了，不用抱怨，而是要勇敢去擁抱面對，用最適合自己的方式去處理。天下不存在沒有意外的人生。

• **人生沒有紀錄** 以前做人做事總是想著要向歷史負責，其實真是離譜地高估了自己的位置。不要說我這種凡夫俗子，就算是當前最有名望的達官顯貴或是富商巨賈，絕大多數在幾百年後也沒有人會記得。終究，人只能向自己和信仰負責。

• **人生活在當下** 活著，跟「活著」，不一樣。過去每天匆匆忙忙地活，沒能駐足看看路邊的風景、咀嚼體會口裡的食物、呼吸空氣中的氣味、聆聽周遭聲音的迴盪，這是沒有生活滋味的生命。細細慢慢地過生活，才是真正「活著」。

• **人生活出自我** 其他人對自己會有不同的期待，真的無法也不需要去滿足。不要再活在社會的框架裡，勉強去配合別人的期望和價值，對不喜歡的事情，勇敢說「不」，做讓自己滿足的事。因為人生只有一次，想做什麼，就去做。

• **人生沒有遺憾** 沒有什麼事情是放不下的，沒有了我的隔天，世界會照常運轉，沒有完成的事，也沒有什麼好遺憾。**重點不是在於生前完成了什麼，而是活著的每一天是如何過的。**

常常看到生重病的人痊癒之後，說自己很幸運地得到領悟，開始改變生活方式和飲食、生活習慣，活出更知足、健康的人生。其實更幸運的人，是沒有經過病痛折磨，就可以悟出這番道理。經歷了生死關頭的人們，對生命必定有新的體悟。

人生是個旅程，只是旅程的開始和結束，不是自己決定的，甚至旅程中的多數過程，自己能控制的部分也很有限。能夠做的，就是充分把握自己能夠掌握的，**好好善待旅程中遇見的人事物，享受每一天旅程的體驗**，如同舞台劇中所說：「命運是客觀的，幸福是主觀的。」到站下車時，揮一揮衣袖，不帶走一片雲彩。

03

人生是一趟旅程，不是一場競賽

「做你自己，因為其他角色都已經有人在演了。」
——奧斯卡・王爾德（Oscar Wilde）

在閱讀查爾斯・韓第（Charles Handy）《你是誰，比你做什麼更重要》（*21 Letters on Life and Its Challenges*）這本書時，也有一些對人生的領悟。韓第既是寫《大象與跳蚤》（*The Elephant and the Flea*）的管理學大師，也是寫《第二曲線》（*The Second Curve*）的趨勢專家。

韓第在寫這本著作《你是誰，比你做什麼更重要》時，已是八十六歲的年紀，他以祖父的身分寫了二十一封信跟孫子分享，用一生的智慧和歷練探討下一代面臨的機會與挑戰，並引導讀者一同思考人生的意義。由於韓第寫作風格誠懇平實，也毫不掩飾自己性格的缺失及過去的錯誤，讓讀者更容易隨著他的思緒一起探索自己的人生。由於可以反思的主題實在太多了，我只能挑選一小部分分享。

在做事的方法上，韓第有一個很好的提醒。書中以越戰時美國國防部長的「麥克納馬拉謬誤」（McNamara Fallacy）為例。他從數字來評估成敗，但是戰爭不是只看雙方傷亡人數，社會大眾的觀感及反戰文化的形成，雖然看不到，最後卻改變了美國。他犯的錯誤有四個面向：第一、先衡量比較容易衡量的項目。第二、不理會無法衡量的項目。第三、假設無法衡量的項目就不重要。第四、否定無法衡量項目的存在。

清楚知道自己是誰，才不負此生

我們也很容易掉進類似的陷阱，只重視看得到的、能量化的事情，卻忽略了其他更重要的面向。例如對於學生的成績評量、同事的績效考核，或是公司的發展目標，都有可能只在既有的評量框架裡思考，忘了其他不能被量化的更重要指標。事實上，人生真正重要的事情，多是學校無法教導的。**Google 能查到的，多數是已經有答案的問題；人生需要思索的，往往是沒有答案的議題。**

大家應該都有參加喪禮的經驗。我們可以試著回想在那樣的場合裡，沒有人會在乎逝者生前的職務或是賺了多少錢，會讓大家永遠懷念的，往往是他生前做了哪些事、影響了哪些人，這也是此書中文書名《你是誰，比你做什麼更重要》的深刻意義。

我在閱讀的過程觸發了許多自省。從小的方面看，反思自己的性格和做事習慣，就是很典型重視效率、但常忽略人際關懷及互動的類型。看了這本書，不禁提醒自己，得要努力調整改變，才能建立起相互關懷扶持的真正夥伴關係。

另外，這本書也提醒我：不管一個人在外面是誰，在家裡的身分就是丈夫和父親。自己在這一點上也非常虧欠家人，不但經常把工作的壓力和情緒帶回家，在外面的好脾氣和耐性，反而在自己家人面前最欠缺，陪伴分享的時間也遠遠不夠。五十多歲的我，已經常常覺得不容易跟青春期的孩子溝通，但八十六歲的韓第卻能夠與孫子如此探討人生的方向和意義，真是非常值得學習。

人生確實是個旅程，不是一場競賽。可以量化的地位、聲名及財富，其實是相對不重要的，重要的是我們的言行，對周遭的人和社會造成了正面還是負面的影響。**清楚知道自己是誰，以及做了什麼、為什麼做，才不枉此生。**過去歲月的人生歷練，讓我知道韓第說得有道理；未來歲月的日常實踐，希望真能活出這些道理。

04

不妨來一趟壯遊，做未知的旅人

「二十年後，會令你失望的不是做過的事，而是你沒做過的。
所以解開帆索，從安全的港灣出發，乘風而行，
去探索、去夢想、去發現！」
——馬克．吐溫（Mark Twain）

當周遭的環境愈紛擾，愈應該把眼光往世界看。旅行，已經成為現代人生活中不可或缺的一部分了。在過去的時代，旅行屬於奢侈品，不是每個人都有資源和機會，而且旅行的目的也不在於玩樂，而在探索與學習。

壯遊（Grand Tour）就是這樣的旅行。在十七世紀，「三十年戰爭」及內戰結束後，英國年輕貴族到法國和義大利等地深度旅遊，探索學習古典時代和文藝復興時期建構西方文明的藝術和

文化根源，做為青年時期最重要的學習基礎，包含了知識、社會、倫理和政治等面向。壯遊可能幾個月，可能幾年，經常還有專屬的導覽解說員，來帶領年輕人進入較艱深的歷史、考古或是藝術領域。

例如英國哲學家約翰・洛克（John Locke）在一六六五年前往法國和義大利旅行，學習醫學、語言和哲學，並深入了解當地文化，啟迪了後來的思想與著作。英國歷史學家愛德華・吉朋（Edward Gibbon）於一七六三年在法國、瑞士和義大利壯遊，接觸並研究了古羅馬歷史，成為他後來撰寫《羅馬帝國衰亡史》（*The History of the Decline and Fall of the Roman Empire*）的基礎。查爾斯・達爾文（Charles Darwin）更是在一八三一年參加皇家海軍的探險，在旅行中研究大量動植物，促成了他對自然選擇和進化論的思考。這些案例都顯示旅行對於人們思想啟發，扮演著重要的角色。

壯遊成為當時歐洲上流社會年輕人重要的成年禮。另外則有一些藝術家，靠著自己的工藝和技能，以步行的方式周遊列國，也豐富了視野和創作能力。過去的壯遊，多是貴族和資產階級的特權，現在則普及到任何願意帶著一顆探索之心的旅人。只要有好奇心和渴望學習的心，任何旅程都可以是壯遊的成長之旅。

從他方回來了解生活和自己

西方年輕人某種程度上還維持著這個傳統，我過去在美國求學時的同學，有許多人都在大學時期甚至進大學前，就當過背包客去探索世界。相對來說，早期台灣的年輕人比較沒有這樣的習慣，一部分當然是經濟因素的差異，另一方面則是家長保護的心態，或是孩子本身不願意冒險。現在的年輕人，打工換宿或是出國遊歷比重已經增加，是很好的現象。

世上很多的對立來自於誤解，如果有機會親身體驗探索不同宗教、種族的文化習慣，就能夠減少許多刻板印象的誤導。還記得有一年去杜拜家庭旅遊，特別安排了文化交流中心的午餐體驗，由專業導覽人員解說當地的用餐習俗、餐具以及食物由來，並開放讓我們提出各種餐飲或任何面向的疑問，大家都覺得上了寶貴的一課。如果我們可以在旅遊的過程中，不只是拍照打卡、到此一遊，而能夠做深度體驗的文化之旅，旅行必然會更有價值、更值得回味。

美國的旅行作家及小說家保羅・索魯（Paul Theroux）曾說：「觀光客不知道他們去過哪裡，旅人不知道下一站是何處。」我希望自己在旅行時，能夠從觀光客逐漸成長蛻變為探索未知的旅人。我常常發現，了解自己國家最好的方式，就是去觀察與其他國家的差異。或許了解自己最好的方式，也就是培養更敏銳觀察他人的能力。

穆罕默德（Muhammad）曾經說：「不要告訴我你受過多少教育，告訴我你去過哪裡旅行。」旅行中所能夠學習的體驗和深度，絕對不亞於書本上的知識。**旅行不是為了逃離生活，是為了讓生活不逃離我們。**

另一方面，由於自己的工作也在觀光旅遊業，希望能努力扮演文化溝通的橋梁角色，讓客人到我們酒店時，除了享有應該具備的基本服務之外，也能夠感受到文化底蘊帶來的人文精神和感動。每一位旅人，也能同時扮演人際間的橋梁，讓人們多一點溝通、世界多一份理解。

05

自我覺察是成長的起頭

「你究竟是願意做一個好人，還是做一個完整的人？
與其做好人，我寧願做一個完整的人。」
——榮格（Carl G. Jung）

一個人，該不該在乎別人的看法？太在乎了活不出自己，太不在乎進不了團體，如何尋找適當的平衡點，是我們一輩子的功課。擁有身心靈的平衡，不管在工作或是生活上，都是現代人的一大挑戰。

要追求平衡，人生中最重要的一件事，就是認識自己。每個人因為天生個性及後天環境，都有不同的人格特質，有優點也有缺點。**要能夠成為一個更好的人，關鍵不是跟別人比，而是如**

何讓明天的自己，比今天進步一點點。

改變自己才能影響他人

一切都要從認識自己做起。了解自己性格的優缺點，脫離慣性和情緒的牽引，先求改變自己，才有機會影響他人。我們的眼睛經常是往外看的，所以認識自己不是一件容易的事，要時時努力用心往裡看。

之前讀過陳茂雄老師的《薩提爾的自我覺察練習》和《薩提爾教練模式》（與林文琇老師合著），讓我重新覺察自己的性格。另外由於身為管理者，也從中學習到如何適時戴上主管、老師和教練三頂不同帽子，來管理、教導並激勵同仁，非常受用。公司每年執行的「360度評鑑」，包含了員工自評、主管、部屬和同儕評鑑等四個面向，有相當比例的同仁，自評結果和其他三個面向的評量結果差距甚大。換句話說，別人眼中的自己和自己心中的自己，通常有極大的落差。所以說，認識自己絕非字面上看起來那麼容易。

陳茂雄和林文琇兩位老師的著作正好提供了理論架構、分析方法和解決方案，讓我們不但能夠認識自己，還能透過思考和練習，改變先天的限制，成為一個更全面的人。本書以「一致性理論」為工具，幫助讀者了解在「自己、他人及情境」三面向所搭構的舞台上，站在哪一個位置、有沒有失衡。我在閱讀的時候，很明顯地感覺到自己屬於「超理智型」，喜歡談邏輯、講證據，但是容易忽略他人的情緒。尤其家庭生活就不是單純講道理的地方，更應該多用感性和情緒來連結。了解自己的局限，再運用書中理論及工具去改進，就能幫助我們過一個更平衡的人生。

對情緒的管理是另外一個重點。我們要覺察情緒、面對情緒，但不要被情緒操控，能夠在不同情況調整適當的遣詞用句。有情緒不是壞事，但被情緒牽著走則非常危險。適度地宣洩、表達情緒，是一件健康的事。書中也教導我們如何面對、接受、處理並放下情緒，如此我們最後才能「歡喜做、甘願受」，因為我們的行為是有意識的選擇，而不是受情緒宰制的後果。

從書中的觀點可以看到作者的心量，以及願意助人的心，強調重要的核心價值是同理心，這也是現在社會最缺乏的。人人以自我為中心，只要是我喜歡，有什麼不可以，人人隨興而為的結果，就是社會充滿了衝突和暴戾之氣。透過書中的方法練習，在不委屈自己的前提下，能夠同理身邊的人，做出符合情境的反應。這本書不只能夠運用在企業管理的場景，更可以在我們所有人際互動上，給予極大的幫助。

06

如何活出一個值得的人生？

「成功的關鍵在於專注於最重要的事情，並且持續地去做。」

——布萊恩．崔西（Brian Tracy）

在二〇一九年，公司舉辦了一個「浪費人生?!」論壇，主題是談論如何活出一個值得的人生。會中邀請了陳文茜女士、朱宗慶董事長、高希均教授以及張安平董事長，來分享他們的人生觀和做事態度。四位都是在不同領域有卓越貢獻的講者，聆聽他們分享在做事過程中的信念和勇氣，觸發許多思考。

陳文茜女士分享，不論處在哪一種環境中，都要讓自己的心境保持歡樂，不要浪費時間在與人爭論等微不足道的事情上。所以即使在生病中，也要找到讓自己快樂的事情去享受。她分享了只有五十一歲的拿破崙（Napoléon）和三十三歲的亞歷山大大帝（Aléxandros the Great），他們活著的時間雖短，但一點都沒有浪費人生。邱吉爾（Winston Churchill）帶領英國贏得二次大戰，但戰後三個月就被人民和政治謊言趕下台，他只以飛吻回應。

做自己相信有意義的事是最重要的。人生重點不在最後獲得的名利，而是如何回憶每個片刻。痛苦在笑，不痛苦也笑，就算失去了，也要把微笑找回來。回顧人生時，值得微笑的就不是浪費。

高希均教授則從公共知識分子的角度，提到他對於教育、經濟、科學和民主等國家重要發展方向的期待，憂國憂民之情溢於言表。他出生於抗戰時期，有強烈的國家民族意識，心心念念希望國家好好發展經濟和教育做為前兩個輪子，以及科學和民主做為後兩個輪子。他覺得自己的人生貢獻給了最值得的事：推廣閱讀並努力傳播進步觀念。

朱宗慶董事長告訴聽眾他從小如何走上音樂和打擊樂之路，乃至於在後來的文化行政工作上，如何得到貴人的協助，以及面對各項挫折和挑戰時的心情及做法。他投入打擊樂只有一個想法，就是喜歡，二十四小時投入表演藝術，追求的目標永遠只有舞台上的一剎那。過程沒有所謂的浪不浪費、開不開心、辛不辛苦，因為快樂和痛苦都是同一件事。享受過程就能樂在其中。

張安平董事長則舉了歷史上幾個案例，說明只要所做的事情，是經過審慎思考的，就沒有浪費的問題。每個人都有三條命：性命、生命和使命。性命是為了生存，生命就是生活，而使命則是承擔的責任。人有使命才讓許多事情成為值得而有意義。

四位與談人學識淵博，旁徵博引，引述了許多歷史上有趣的故事，如拿破崙、邱吉爾、安東萬・拉瓦節（Antoine Lavoisier）和拉斐爾（Raphael）等人的故事，讓聽眾收穫滿滿，而貫穿他們四位與談人分享的共同元素，則是熱情、使命感和價值觀。

我們對於自己做的事，有沒有熱情和強烈的使命感？在做每一個決定的時候，有沒有遵循自己的價值觀？很大的程度會決定我們成為什麼樣的人。多數令人敬佩的典範，在他們身上都能夠看到這兩個特質。做生意的人，追求的是短期獲利，還是創造長期價值？從政的人，想的是下一次的選票，還是下一代的生活？這些**價值觀的選擇會決定後來做的決定，以及最後的發展方向和結果。**

浪費或值得，只在一線之隔

人生走這一遭，不管做人或做事，如何讓生活過得有意義，確實是最值得深思的課題，才不會渾渾噩噩地過了一生。過了半百後，對這個主題特別有感，也藉此深刻檢討自己過去在待人處事的態度和優先順序上，哪些決定是現在反省會後悔的？未來的人生，應該如何調整？

一個人不管在哪一個崗位上，都可以努力創造價值，讓生活過得更有意義。一般人聽到「飯店」，可能會想到漂亮乾淨的房間、美味的餐食、親切溫暖的服務，但我認為這些都是必須的，不用刻意強調。我眼中的飯店不只是飯店，它可以是文化創意的實驗場域、國際文化交流的平台、客人驚喜圓夢的所在，更是員工自我實現的舞台。

當我們這樣想像自己的工作時，就可以創造出許多不一樣的可能性，既讓工作的範疇打破傳統框架的限制，也發揮自己的想像力，找到工作的內在動機與成就感。

論壇取名為「浪費人生?!」希望是一個輕鬆又能引起注意的名稱。人生是浪費還是值得，有時候只是一線之隔，端看自己的價值觀和目的。**與其活成別人認為成功的人生，不如好好把人生「浪費」在自己認為值得的事情上。**

07

你的人生優先順序是什麼？

「你不能同時做好所有的事情，關鍵在於選擇做最重要的事情。」
——約翰・麥斯威爾（John C. Maxwell）

很不幸地在二〇二〇年一月四日、我生日前一天，運動時遭受嚴重撞擊，造成肋骨六根、右肩膀鎖骨和韌帶斷裂。在手術台上度過一個難忘的生日。

術後的恢復期更是疼痛，平常的移動就很辛苦，如果一不小心打個噴嚏，感覺就像有把刀子插進了腹部。晚上睡覺因為只能固定一個不能平躺的姿勢，平均每個小時都會醒來一次。這個痛苦的過程，讓我多了一些人生體悟，加上不久後又看到NBA

球星柯比·布萊恩（Kobe Bryant）的驟逝，以及新冠肺炎造成的恐慌，更是格外有感觸。

人生的無常是必然

剛受傷時，第一時間覺得怎麼會遭受這樣的無妄之災，運氣真差。後來轉念一想，真是要感恩自己的幸運和上帝的保守。皮肉傷雖痛，隨著時間和努力復健，終究可以復原，但如果受傷的是脊椎或是頸椎，後果就不堪設想了。

另外一方面，這個過程也令我深刻體悟到人生的無常。前一陣子我心裡還閃過滿滿意現在生活的念頭，沒想到就突然有了變故。前一刻還在接受朋友、同事的生日祝福，無比開心，接下來就躺在手術室動刀。

雖然說遭遇意外是偶然，但仔細想想，人生的生老病死循環，一點都不是意外，每個人都必經，只是發生的時間和順序，可能出乎我們預期而已。

我們真的不知道自己的年歲有多少，所以更應該好好把握每一天，珍惜所擁有的時間，去做有意義的事，讓人生不白走一遭。柯比雖不幸英年早逝，但是他不管在球場上或是退休後，認真過每一天的拚鬥精神和積極態度，成為激勵無數人心的典範。

發生意外後，也讓我重新思考人生的優先順序。之前掛念的許多事情，在受傷之後，都覺得是微不足道的小事，只要能夠盡速回復不再疼痛的正常生活，就已經是萬幸了。

人生的優先順序也是一樣，**當我意識到「時間有限」的概念時，關心的事物也變得不一樣。**重新調整自己的優先順序，專注在對自己真正重要的事物上，才不會在沒有時間時空留遺憾。

人們經常不珍惜已經擁有的，不管是健康、財富或是和家人相處的時間。有一天跟孩子們吃飯，我就有感而發地分享，現在大家都習慣一邊吃飯一邊滑手機，不常用來聊天，因為我們覺得永遠有一起吃飯的機會，所以不特別珍惜。想想幾年後孩子們離家念大學，說不定能夠這樣坐在一起吃飯的機會，一輩子加起來也只剩一百次了。

如果這樣想，就會把握機會，珍惜當下相處的時光。

這段過程中，在培養和疼痛共處的能力之餘，最令我安慰的是親情和友情。來自各方的關懷慰問，給了我很大的力量，也深深體悟到能夠活在愛中，是多麼寶貴及值得感恩的一件事。未來也要更努力將自己受到的祝福，在能力所及範圍，散播給周遭的人。

萬事互相效力。不管在順境或逆境，能有一顆滿足和感恩的心，就能夠擁有內在的平安喜樂。

08

洞悉變與不變，專注在有恆久價值的事上

「歷史不會重演，但它常常押韻。」
—— 馬克・吐溫

最近拜讀了一本讓我茅塞頓開的書：《一如既往》（*Same as Ever*）。作者摩根・豪瑟（Morgan Housel）用許多故事和論點，提醒我們要專注在長期、不變的道理，而不是把時間和注意力花在追逐層出不窮的新事物上。

世界必然有變和不變的部分，變動的部分令人目不暇給，但不見得重要，當我們能夠看透不變的部分時，才能有安定的眼界和心靈，來面對看似不安的局面，活得更從容自在。

未來的世界會如何沒人知道，但人類對貪婪、恐懼、機會、風險和派系等問題，還是會有相同的反應。我們要訓練自己思考，歷史上有哪一些行為是不會改變的，這會幫助我們看清未來的發展方向，學習以人的行為而非特定事件來做預期。

投資於準備

首先要釐清「預測」（forecast）和「預期」（expectation）的差別。預測像是算命，常常不準確，或是講出大家都知道的事。預期則是知道風險會發生，但不確定何時、何地，只能有心理準備及早做因應。

一九三〇年時，美國有一個針對見多識廣的精英分子調查他們認為當時最重要的社會問題排序，前五名都是司法相關，失業排在第十八，沒有人預料到經濟大蕭條即將來臨。二〇一九年底，各公司編列預算並計劃明年度發展時，沒有人會想到新冠疫情的衝擊。

未來最大的風險和最重要的新聞，可能都是現在沒有人預測到的事。**我們得預期風險的出現，投資於準備，而不是投資於預測。**

小改變×時間＝複利的力量

其次是了解複利和時間的力量。從投資的角度來講，重要的不是如何做才能賺最多，而是能夠用最長的時間維持最佳的報酬水準。看起來小小的變化，經過時間的累積，就會形成大成功或大災難。

我們常低估了小事的影響力，但是許多小錯誤累積起來也會成為大災難。一九七七年西班牙特內里費機場（Tenerife North Airport）因為發生了十一項小疏忽與巧合，造成兩架飛機相撞，583人死亡的慘劇。另一方面，小改善也能累積成大進步。一九五〇年以來，美國心臟疾病死亡率平均每年下降約1.5％，到了二〇一四年，總計下降了約70％。

小改變乘以時間的複利力量，是非常驚人的。但擁有這樣的長期思維堅持做到並不容易，而長期投資究竟是耐心還是頑固，也不容易判斷。

小心好故事

最後，了解好故事的重要性和危險性，一個好的故事能夠改變世界。例如馬丁．路德．金恩（Martin Luther King）博士在一九六三年關於夢想的演說。遇到複雜的主題時，一個好故事能夠直指核心。在政治競選舞台，一個好故事也能鼓動人心、扭轉乾坤。

正因為好故事有如此大的力量，我們更要小心審視：到底哪些人的主張是真正的事實，但是因口才受限或呈現方式拙劣而被忽視？哪些我們堅定相信的事情，只因其包裝技巧和話術高明？最棒的故事，不一定帶來最好的結局。

讀這本書時，我也一直提醒自己，有沒有把眼光和注意力放在有恆久價值和意義的事物上。現在關心的事，三個月後還重要嗎？十年後呢？

《傳道書》說：「日光之下並無新事。」許多故事不斷重演，不讀歷史才會覺得這些是前所未見。愈了解過去的來龍去脈，就愈能看清現在的混沌不明，對未來也就愈能安然自在。

09

最重要的資產是時間

「時間是最稀缺的資源，除非管理好時間，否則無法管理其他事物。」
——彼得・杜拉克（Peter Drucker）

有一年，瓊斯盃籃球賽（William Jones Cup）的球員住宿地點，剛好跟我的辦公室接近，進出的時候，經常看到接待人員忙進忙出張羅著大小事。看到這些年輕臉龐，不由得想起一九八八年，我大二的暑假，也曾經參與過瓊斯盃籃球賽，擔任美國隊接待員的往事，同時也感慨時間的飛逝。

當時一個球隊配置一位接待員，所以包括球員、教練、隊醫、助理等近二十人的生活起居照顧、練球賽程事宜以及大會通知事項等，都是接待員的工作。除了例行事務之外，讓我印象最深刻的是，有一天晚上帶著全隊去逛華西街夜市，十幾位平均身高近兩百公分的球員圍成一圈在看某個攤位，外面的民眾又圍了好幾圈在觀看那些球員。那年來的球員裡面，有好幾位後來都打進NBA，其中最有名的是尚恩・坎普（Shawn Kemp），不但在瓊斯盃得到灌籃大賽冠軍，並多次入選NBA明星隊，且還率隊打進總冠軍賽。

回想我的大學生涯，在時間分配上，不算是一個用功的學生，參與了許多類似的課外活動，包括國際棒球邀請賽、爵士音樂節、國際青年會議、高雄YMCA每年寒暑假辦理的中小學生營隊等活動。每一個活動都可以接觸到不同的領域，也擴展了我的生活經驗與視野。一直到研究所時期，我才真正對課業產生興趣，開始焚膏繼晷地做研究。

我一直認為，課堂外和課堂內的學習一樣重要。過去在學校教政治學，給大一新生上第一堂課的時候，我都會提醒同學，從高中升學壓力畢業，到了自由的大學校園環境，最大的功課就是如何安排自己的時間。如果用讀書和玩樂的比例為X和Y軸分為四個象限，你最希望自己在哪一類？又會讀書又會玩的，是少見的奇葩，不是我們多數人能輕易做到。讀書和玩樂之間，如果只能選一項，我當然鼓勵大家選讀書，是自己的本分。如果真的對課業沒興趣，那也要選擇認真地玩，玩出未來的興趣和方向，也是很好的收穫。大家最不想變成的應該是第四類，既沒讀到書又沒有玩到。

生活沒計畫，就像被別人拿走遙控器

第一學期的最後一堂課，我會把同樣的問題再問同學一遍，請他們自評這學期過的是哪一類的生活。很不幸的，有相當比例的同學自認是第四類，覺得既沒有認真念書，也不覺得真的玩到什麼，但時間就這樣過去了。我會提醒同學們，雖然可惜，但還不算太晚。大學生涯八分之一的時間已經過去，還有八分之七的時間要好好珍惜。

時間管理真的是人生最重要的課題之一。每個人被分配到的一天都是一樣長的，但你怎麼活每一天，人生的結果卻天差地遠。除了妥善運用時間的執行面之外，時間管理大師彼得．特拉（Peter Turla）的兩句話很值得我們參考：「生活沒有計畫，就像看電視時別人拿著遙控器。」、「時間管理如果沒有設下優先順序，就像先射箭再畫靶。」不管在生活或是工作上，釐清哪些事情是最重要的，必須最優先處理，且在處理過程不要被分心，也不要把多數時間放在緊急而不重要的事物上，才是時間管理的重點。

更進一步說，其實時間無法管理，大家分配到的都一樣多；我們真正能管理的是優先順序。「花時間」（spending time）跟「使用時間」（using time）是完全不一樣的概念。我們擁有的最重要資產，其實也就是時間，平常的時候，不會感覺到時間的有限性，等到警覺時，往往已經來不及。更重要的是，**優先順序，不是用社會的價值觀強加於自己身上，而應該是以自己內省之後的價值觀來排序。**

10 不要被待辦事項掌控

「時間有限，所以不要浪費光陰去照別人的意思過活。」
——史蒂夫．賈伯斯（Steve Jobs）

我們一生其實很短，正因如此，要更有勇氣和決心，消除錯誤的選項，珍惜寶貴的時間，讓人生不留遺憾。

有本書《少，但是更好》（*Essentialism: The Disciplined Pursuit of Less*），英文原名「Essentialism」（專準主義）更為簡潔，談人們應該如何重新定義優先順序，聚焦在真正重要的事物上，給了我一些重要的提醒。

忠於自己的優先順序，而不是別人的期待

社會上普遍的習慣都希望愈多愈好，包括我個人也是常希望同時完成多項工作。最容易理解的比喻就是衣櫃，當空間堆滿了「未來有機會」會穿而不捨得丟棄的衣物，就造成了寶貴的空間被塞得凌亂不堪。生活也是如此，當我們的時間被塞滿，同樣也會感覺忙忙碌碌，但效率不彰又沒有重心。道理很簡單，但是真能做到卻需要決心和方法，因此有紀律地「追求更少」是很重要的。

我們要不斷停下來問自己，「我投入的活動是對的嗎？」大家可以想想有多少次，我們迫於人情答應一些邀約或請求，但內心始終覺得不對，既占據了做更重要事情的時間，又引來未來更多類似的請求。

忠於自己的生活，而不是別人期待我們去過的生活。不要再被其他人的待辦事項所掌控，我很喜歡作者的一句話，「如果你不替自己的生活排定優先次序，別人就會代勞。」這不表示我們要隨意或全面說「不」，而是在清楚定義自己的目標和優先順

序後，有紀律地對不是最重要的事情說「不」，這包括放棄一些好機會，也可能讓朋友不諒解。

書中提到柯維和十二歲的女兒籌劃了好久，要在舊金山等他演講完後好好玩一晚，結果會後遇到有合作關係的老友，邀請他們共度晚餐。柯維婉拒了邀約，因為他說和女兒規劃了特別的約會。這就是「讓最重要的事情保持重要」一個很好的例子。

用「減法」為人生加值

要能夠做到，必須如同經濟學家索維爾（Sowell）所說，「沒有解決方案，只有取捨。」不要永遠想魚與熊掌兼得，而是確認自己想要魚還是熊掌。**面臨許多選擇時，如果不是明確的「好」，答案就應該是「不」**，否則我們就會陷在一堆平庸的選項裡。就像我們整理衣櫃時，如果不是會讓我們怦然心動的衣物，就捐出去了吧。

杜克大學（Duke University）研究指出，人們有近四成的選擇是出於無意識的習慣，我們要排除這種慣性，重新安排生活。對自己覺得重要的事，刻意保留時間和空間，才有機會保持專注。另一方面，排除不必要的事物，則是清理行事曆的重要步驟。好像電影剪接師一樣，只留下絕對必要的畫面。「決定」（decision）這個字的英文字根「cis」字面上的意思就是切或殺，也就是要「刪除選項」。**當我們劃出界線，才能得到真正的自由；當我們移除更多，結果反而能夠產出更多。**

我是一個習慣多工的人，過去以為這是優點，其實不然。未來我要學習專注，且不要花時間在自己無法控制的事物上，也不要把焦點放在未來的事情，而忘了專注當下手邊的重要項目。不但要清理臥室的衣櫃，也同時清理生活的衣櫃。

去蕪存菁後的生活會更有焦點和質感，前提是要思考清楚自己的優先順序，把精力花在真正值得投入、具有價值的事情上。能夠有紀律地追求更少，就更有機會擁有更豐盛、滿足的人生。

11

沒有活出內心的價值，終究還是空虛

「人生最大的遺憾不是錯過了，而是從未嘗試。」
——伊莉莎白．庫伯勒．羅斯（Elisabeth Kübler-Ross）

看到尼泊爾大地震的相關畫面和報導，再一次感受到人生的無常。上一刻還在歡笑的人們，下一刻可能就陷入人間煉獄。

還記得前一陣子台灣也發生滿大的地震搖晃，當時我正和同事在辦公室開會，大家突然不講話，雖然只有數十秒的時間，我的腦海裡已在想像最壞的狀況，好像人生在眼前快速倒帶，想起了家人親友。不過地震過後，一切如常，又回到了原來的生活軌道。

我想起澳洲一位看護出版的一本書。她的名字叫做布朗妮・維爾，在安寧病房工作了九年。她在部落格撰寫了一篇過去照顧的許多重症病人跟她分享的人生憾事，意外地大受迴響，後來整理出版了《和自己說好，生命裡只留下不後悔的選擇：一位安寧看護與臨終者的遺憾清單》（*The Top Five Regrets of the Dying*）一書。有些病患希望她能夠跟大家分享這些遺憾，並從他們的經驗學習。這五個悔恨依序如下：

1. 沒有勇氣活出自己想要的生活，而是活在其他人對自己的期待。這是最多人的悔恨，有太多的夢想因為各種主客觀因素沒有去完成，甚至去嘗試。
2. 花太多時間在工作上，每天的生活像是在跑步機上重複同樣的動作。
3. 沒有勇氣表達自己的情緒和感受，害怕得罪別人。
4. 沒有和老友保持聯絡，讓友誼中斷。
5. 沒有讓自己活得更快樂一點，對改變的恐懼讓自己活在熟悉的慣性模式中。

我們不見得需要完全同意這些項目，每個人投入工作的需求、壓力和回饋狀況都不同，或是表達自己情感、人際關係的互動要如何拿捏，都必須視個案情況而定，不能一概而論。但重要的是，這些分享提醒我們，人的一生時間非常有限，如何把時間花在真正重要的事物上，是我們最重要的課題。

及早找出自我價值和目標

未曾經歷重大事件或衝擊時，我們往往不會意識到生命的有限性，總是把誤以為無限的時間用在緊急而不重要的事情上。都是等到驚覺快沒有時間，才想起生命中真正重要的人事物，沒有得到應有的關注。

多數人汲汲營營追求的目標，不外乎名利、權力和影響力等，這些沒有不好，也是激勵我們奮發努力的動力之一，但是如果我們被這些世俗的目標限制住了，而沒有活出自己內心想要的生活與價值，終究還是空虛的，就算有一天得到了名利或權力，也不會因而感到滿足。而且在過程中，還可能犧牲更重要的關係，沒有好好地陪伴自己的家人和親友，就得不償失了。

如何運用人生有限的時間，創造自己最大的成就和滿足感？每個人都可以且應該找出自我的價值和目標，減少人生的遺憾。大家的方向和結論也不會是一樣的。

我自己在最近的閱讀中得到一個啟發，就是「努力做別人的貴人」。其實自己的物質需求很容易滿足，但滿足物質需求的快樂感既短暫又空虛，而協助或成就他人時，卻能得到充盈的滿足感。不管在家庭和工作上，如何每天都對身邊的人發揮正面的影響力？就是**花時間和家人及同事朋友相處，真心關懷並努力協助解決他人的需要，把做事情的時間和專注，轉移部分到對人的關心和協助**。我相信如果能夠做到這一點，不但每天自己能夠過得更快樂，也給人生帶來更大的意義。

這些念頭，想想容易，真要在實際生活中去實踐、去改變，知易行難，就像地震時的念頭，常常震完了也忘記了。寫下來是希望自己能夠牢記，也讓家人同事可以適時對我提醒。

12 在意真正在乎我們的人

「比較是偷走快樂的賊。」
——西奧多·羅斯福（Theodore Roosevelt）

最近全家一起看了「人生剩利組」（*Brad's Status*），可能自己的年齡層剛好屬於這部電影的主要訴求對象，看完以後頗有感觸。

劇情大致是中年的男主角布萊德（Brad）對自己生活現狀頗不滿意，尤其想到大學同窗有許多人功成名就，不管在投資、演藝、科技或政治領域，都過著令人欽羨的生活。而他從事非營利事業，收入和生活模式都是穩定地不上不下，缺乏刺激和熱情，因此不但羨慕同學，更常常自怨自艾。

後來帶著兒子去申請大學並參觀面試，才突然發現自己的小孩竟然可能申請到哈佛大學（Harvard University）。但是記錯面試時間，必須仰賴過去的同學協助牽線，才又和同學重聚。這才發現一直以為自己不夠優秀而被同學們排擠，實情是同學壓根沒有把他當競爭對手。而每一個「成功」同學的背後，也都有很不堪的經歷和挫折。反觀自己把心力放在家庭上，又教出如此優秀的小孩，也實在沒有什麼好遺憾的。

其中有一段我印象最深刻的對話，是布萊德跟兒子的學姊討拍，想讓她了解自己多麼不得志，沒想到換來的是這位年輕哈佛大學生的反駁，與她在家鄉印度看到的許多人相比，那裡的人過的生活才是真正辛苦，布萊德只是無病呻吟罷了。

比較只會讓人愈活愈辛苦

因為是跟小孩一起看電影，自然聯想到：人的一生好像真的一直在比較。小時候跟同學比成績，長大了在社會比成就，如果選擇這樣過人生，真的是既虛幻又辛苦。**虛幻的是，不同的人生價值和際遇是完全無法相比的；辛苦的是，這樣的比較永遠也不會帶來真正的滿足。**但是這部電影殘酷地說出真相，包括自己在內的許多人，就是活在愛跟人比較又常不滿足的心態中。

尤其現在網路社群時代加重了這樣的傾向。我們從別人臉書的片段去想像他人光鮮亮麗的生活，但是看不到背後的難處和挫折。生活中愈多的比較，只會愈少感到快樂與滿足。

過年前接受財經雜誌的專訪，用寫家書的形式跟孩子溝通金錢觀。當時我就藉機提醒他們，未來進入社會，如果不能量入為出，薪資不管多少都是不夠用的。我希望他們能夠滿足於自己的生活，金錢應該是我們做事的工具，而不是工作的目的和動力。要盡量做到「人用錢」，而不是「錢用人」。

看完電影以後，我們討論的層面更廣泛了，不只是金錢上不要跟別人比，其他層面更不應該去比，好好地做一個自己能夠成為的最好的人。我們做父母的更應該檢討，不要主觀地把小孩塑造成我們希望他們成為的樣子，才能夠真正做到傾聽和協助。我自省對小孩的成績過度要求，相對忽略了培養他們全方位的人格和性向發展，也是自己需要改變的地方。

另外一個重要的心得是，**我們往往太在意不在乎我們的人的想法，而不夠在意真正在乎我們的人**。布萊德的兒子最後告訴他：「世界上其他人都只在乎自己，只有我在乎你，你只要在意我對你的想法就好。我愛你。」兒子的一句話，抵過世俗所有的「成就」。

13 不是每個人都需要成為英雄

「確保你的生命有目標，並圍繞這個目標來安排你的優先順序。」
——歐普拉．溫弗蕾（Oprah Winfrey）

最近一位朋友特別請我看一篇文章，題目是〈23號〉。故事是在一個五十人的班上，有一位女孩總是考二十三名的中等成績，於是有了這個外號。別人家的小孩不是成績出類拔萃，就是身負各種才藝，談起未來規劃更是志向遠大。唯獨23號想當幼稚園老師或是單純做個媽媽，好好跟孩子們唱歌、跳舞、說故事，這讓她的父母親非常沮喪，不甘心讓自己孩子如此平凡。

家長常常會有的盲點

雖然全家曾經一起努力，放棄所有的休閒娛樂，找家教、去補習，但女兒的功課不進反退，還把身體搞壞了，只好回到原來的軌跡。不過這位平凡的23號在一群人去郊遊的時候，展現了細心、關心他人和融入團體的個性，對於比自己小的孩子們，照顧得仔仔細細，大家無不稱讚。

23號的課業還是一直沒有起色，直到有一天，導師通知家長說班上做了一份問卷，要大家寫出最欣賞哪一位同學，結果大家都寫了23號的名字，還推薦她擔任班長，理由是她樂觀幽默、熱心助人、好相處、守信用。媽媽開玩笑地對她說，妳快要成為英雄了。23號卻回答說：「老師曾說過，當英雄路過的時候，總要有人坐在路邊鼓掌。媽媽，我不想成為英雄，我想成為坐在路邊鼓掌的人。」

看完這篇文章，想起自己活脫脫就是文中的家長，念茲在茲的還是孩子成績表現。不只是對成績有要求，甚至於對價值觀、宗教信仰和做事方式，都希望孩子照自己的想法去做，而不甚尊重孩子的自主性。

做家長的常常有個盲點，就是只看到孩子還需要加強、改進的缺點，忽略了他們可以發展的優點。就算只看成績，我們往往叨唸著沒考好的那一科，卻忘了稱讚考好的其他五科。殊不知，**只要有一項專長，是真心喜愛且有能力做好的，就已經足夠，**不需要要求孩子樣樣精通。

能否真心為他人鼓掌？

父母的出發點當然都是為孩子好，但是孩子畢竟不是自己的複製品或是附屬品，各自有性格、專長和喜好。了解這個道理很容易，要做到放手，真的做不到。

我想一個合理的平衡點，就是盡力提供孩子輔導、方向和建議，善盡父母教導照顧的責任，但是把最後的決定權放在他們自己手上，讓孩子們從小事開始，習慣為自己的決定和人生負責。父母親最要注意自己鞭策子女的動機，是否把子女的成就當成自己的桂冠，忽略了孩子才是他自己的主體。

我也到了某個人生階段，看到社會上，不管是有錢、有名或是有權的人，都有各自的煩惱和苦處，結局不一定好，生活更不見得快樂。到頭來，一個孩子如果能夠健康快樂地成長，做自己喜歡的事，而且是一個正直、善良的人，就已經是為人父母最大的心願和滿足了。

孩子是顆種子，以後長大會如何，沒有人知道。**每顆種子都有屬於自己的成長期，不用焦急地跟別人比，或是背負父母過度的期望。**希望今日自己悟得的道理，可以落實為明日的實踐。不是每個人都需要成為英雄，有些人真心喜歡為他人鼓掌。

14

戒掉「成功」的癮，人生才能成功轉型

「決定你的優先事項，然後放棄其他的。」
——托尼·羅賓斯（Tony Robbins）

前陣子，有兩位高中同學因為心血管問題無預警地辭世，帶給同學們很大的震驚和不捨，也提醒我們人生的短暫和無常。

同學離開，讓我想起過去閱讀哈佛大學教授亞瑟·布魯克斯（Arthur C. Brooks）的著作《重啟人生》（*From Strength to Strength*）。當時略讀，這幾天再回頭細讀，有許多想法在腦中迴盪。這本書的靈感起源於布魯克斯教授一次在飛機上聽到後座的夫妻對話。太太安撫先生別再胡思亂想，沒有人說「他沒用了」，也不要再說「要是死了就好了」這樣的話。

他想像這位丈夫應該是不得志、自怨自艾的人。沒想到飛機降落後，看到這位先生竟然是位家喻戶曉的公眾人物，下機一路上還受到乘客和機組員的歡迎致意；現在的神采飛揚跟先前的落寞，形成令他難忘的強烈對比。

布魯克斯後來深入研究此現象，將之稱為「奮鬥者的詛咒」，意指一向努力表現傑出的人，後來發現自己陷入無法避免的衰退階段，最後工作成果和人際關係兩頭落空。要怎麼避免這個現象？

多數人的直覺做法是否認自己開始衰退，並更加努力工作來證明，但這絕對行不通。布魯克斯要大家坦然面對自己的缺點和弱點，並放手拋開過去努力爭取的名利權勢，找出哪些事情可以帶來快樂，經營人生的第二曲線。

抓不住的何必執著？

沒有人喜歡衰退，但不喜歡，不代表它不會發生；能夠自覺，才有機會活出不一樣的人生。人類有兩種智力，第一種是「流體智力」，是邏輯思考和解決新問題的能力，中年後隨著年齡下滑。另外一種智力叫「晶體智力」，指的是運用過去累積知識庫的能力，會隨著年齡增長，非常晚期才會開始衰退。

用我自己的理解打個比方來說明，流體智力像是運動員在場上拚搏的天生體能，而晶體智力則像是教練運籌帷幄的能力。我們要在依賴第一能力時就開始培養第二能力，並且適時地轉換；即使脫離了萬人簇擁的絢麗舞台，還是能找到自己可以貢獻所長的地方。

我們該做的，就是不要執著在工作和成功等世俗獎勵，以及對衰老的恐懼。面對這些不可避免的發展，做好該做的準備，讓自己的人生能夠順利轉型，而不是一直努力抓住抓不住的事物，陷入痛苦的深淵。

要啟動這樣的心態轉變不容易，因為這是要我們改變一直以來的奮鬥目標和做事方式，用作者的話來說，就是要「戒掉成功的癮」。戒掉任何癮都會有一段痛苦的過渡期，想想楊慎的詞曲〈臨江仙〉或許能夠幫助我們：「是非成敗轉頭空，青山依舊在，幾度夕陽紅……。古今多少事，都付笑談中。」

有個在位五十年的十世紀西班牙君王阿卜杜拉赫曼三世（Abderramán III），在七十歲時說自己一生真正快樂無憂的日子，只有十四天。就算是權傾一時的帝王將相、富商巨賈，經過幾個世代後也沒有人會記得。再偉大的人，其一生的努力在人類歷史長河中，不過就是一粒沙。還有什麼事情想不開呢？

未來還有多少日子，沒有人知道；但希望不管是一年，還是四十年，都要照自己的心，認真活得幸福美滿。

15

小心，48歲最不快樂？

「最幸福的人，不是擁有最多的人，而是需求最少的人。」
——蘇格拉底（Socrates）

中秋節闔家團聚吃飯，看到小孩長大的樣子，忽然覺得一輩子過得好快。

回想當時從高雄到台北念大學，自己一個人入住宿舍的場景還歷歷在目，轉眼自己的小孩子竟也到了這個年紀。

人生似乎咻一下，就過了大半，有點感傷。我常覺得自己還年輕，但生理上的老化，卻是需要面對的事實。

專注享受當下擁有的

想起去年一篇由達特茅斯大學（Dartmouth College）教授大衛・布蘭奇洛爾（David Blanchflower）出版的研究報告，從一百三十二個國家的跨國比較中，在考慮了財富、教育、婚姻等各項控制因素之後，發現人們快樂的年齡曲線接近鐘型，在年輕和老年時最快樂，在四十七、八歲的時候最不快樂。

在他的研究資料中，十八歲是第一波快樂的高峰，然後快樂指數逐漸下降到約四十八歲，隨著年紀變老又再慢慢快樂起來，甚至還高於年輕時。十八歲的時候，覺得自己站在世界的頂端，不知道「挫敗」兩個字怎麼寫，未來充滿無限可能。慢慢地，現實世界的磨難和挑戰把我們拉回地球表面，特別是跟別人的比較，不管是學歷、事業、財富、容貌、伴侶還是幸福感，都有人比自己更強。

一直到大約四十八歲左右，開始領悟到自己的理想不可能全部實現，才學習到：**不要執著於我們沒有的，而要專注於享受我們所擁有的。**與別人的比較，特別是在社群網路看到短影音而心生的比較，是沒有意義的。

隨著年紀增長，伴隨而來的除了皺紋，還有人生歷練和豁達，帶給我們另一種無欲無求的簡單生活意境。

建構自己的價值體系

四十八歲時，上有老、下有小、壓力大，健康也開始走下坡，工作可能處在高原期，而距離退休還有一段時間，俗稱的「中年危機」看起來在統計上確實存在。我們知道了這份研究的統計數據之後，可以做些什麼改變呢？首先，如果您還年輕，不需要等到四十八歲才領悟這些，現在開始就可以學習專注在自己所擁有的事物上，而不是一味去跟別人比。

如果您已經超過四十八歲，恭喜您，在統計上，已經進入倒吃甘蔗的階段，漸漸認清生命中的優先順序，生活也將愈來愈有滿足感。但千萬不要忘記，統計數據只是一個平均值，絕對有很大的個體差異，任何年齡都可能快樂或是不快樂，最大的變數還是在於心態。

耶魯大學（Yale University）專門研究快樂學的勞麗．桑托斯（Laurie Santos）教授指出，降低物欲、多在現實世界結交好朋友、幫助別人、經常感恩、充足睡眠、常態運動、擁有自己的時間，以及享受當下等，都是有助於讓自己快樂的方法。

這些建議固然值得參考，但更重要的是，**幸福和快樂的定義，是由自己決定的，不需要活在別人的價值觀裡。**

人變老，不是年齡，而是心態。擁有健康心態，快樂充實地過每一天，就是最棒的生活態度。最後我想請問，就您已經經歷的歲月來看，如果可以選擇，您會想回到哪一歲呢？

其實，經歷過的歲月不需重來，因為最好的，還在後面。

16
幸福的守則與公式

「知足不辱，知止不殆，可以長久。」
——老子

二〇二四年的春節連假未安排出遊，家裡也是空巢期後首次過年。除了幾場親友聚餐外，多數時間都能安靜閱讀、沉思，想想過去做對了什麼、可改進之處何在，並思考對未來工作和生活的想像與規劃。

去年家庭裡最重要也最開心的事，就是小孩陸續開展了大學生活，且能適應良好。由於德國學制的關係，大學三年就畢業，轉眼明年兒子小傑就要展開職涯了，真是不敢相信時間過得這麼快。由於孩子就業後，不一定還能安排較長時間的休假，因此去年底我休了一個長假，全家在歐洲幾個國家旅遊，度過了難得的親子時光。有機會多多陪伴家人，不論在何時都絕對是正確的事情，有機會就要好好把握。

展望來年，我給自己的功課是知足常樂。我跟很多人一樣，一生也一直在比較。從小比學業成績、長大後比能力經驗、比職務歷練、比名聲財富等，每一件事情都會看到更優秀或是擁有比自己多的成功人士，然後設法努力趕上。

現在回頭看，這是無益又無意義的行為。以財富為例，它沒有客觀的標準，低標是夠用，高標就看要跟誰比，跟首富比，大家都是貧戶。我們習於在心裡跟周遭的人做比較，重點是我們為什麼要跟別人比？比贏或比輸的意義何在？不只財富，其他事物也都一樣。

降低不切實的期望，就能提升幸福感

要改變這種心態，首先就是要降低期望值。華倫・巴菲特（Warren Buffett）的投資夥伴查理・蒙格（Charles T. Munger）曾說：「幸福人生的第一守則就是降低期望。」如果一個人有不切實際的期望，一生注定悲慘不已。

美國經濟學家保羅・薩繆爾森（Paul A. Samuelson）給過一個公式，幸福等於效用除以欲望。效用指的是消費中得到的滿足感。欲望高的人，不管自己已經擁有了多少，幸福感都不會太高；反之，減少欲望就會立即增加幸福感。我看過另一個更簡單的公式：**幸福等於「擁有的」減去「期望值」**，表達的是一樣的概念。

我們眼中光鮮亮麗的成功人士，真的過著無憂無慮的幸福快樂生活嗎？答案是不一定，更可能的情況是住豪宅的人和住社宅的人，各有不同的煩惱，但是操煩的程度不見得比較小。這就像我們往往以為達到了某個目標以後就能幸福快樂，後來才發現又有別的事物要開始煩心。

不只個人生活如此，集體社會也是一樣。大家一直都在追求更多——更多的財富、更高的科技、更好的消費生活水準——帶來的卻是更衝突極化的社會和更被摧殘破壞的自然環境。人類的幸福感不但沒有顯著提升，還可能把自然生態傷害到無法回復的狀態，對不起後代子孫。

因此在新的一年，我要**把過去「如何得到更多」的心態，轉變成「如何管理期待」**。追求更多不再是目標，而要致力尋求做任何事的意義。在各方面也不去做無謂的比較，為他人的成就開心，為自己的際遇感恩。

回望過去，實在感到無比滿足並充滿感謝，有太多貴人提攜幫助，在逆境時加以鼓勵，並給了我多重的發揮舞台和機會。表達感恩最好的方式就是，在新的一年裡pay it forward（把正向情緒、事物傳遞下去），盡一己之力幫助身邊有需要的人，讓每一天都過得有意義。

17
人生十大奢侈品

「唯有為他人生活的生命才是值得的。」
——阿爾伯特．愛因斯坦（Albert Einstein）

翻閱之前的日記，看見自己曾經寫下這麼一段話：「歲末年終，又是沉思反省的最佳時刻。我希望新的一年，能夠過一個奢華的生活。」這裡說的奢華，不是指美食、精品、豪宅，而是滿足豐富的人生。

觸動這樣思考是因為在網路上看到一篇文章，據稱是《華盛頓郵報》（*The Washington Post*）在二〇一七年評選出的人生十大奢侈品清單。搜尋後始終找不到出處，很可能是個假訊息。即使訊息來源不明，這份清單的內容還是值得深思。這份「十大奢侈品清單」是這麼列的：

1. 生命的覺醒與開悟
2. 一顆自由、喜悅與充滿愛的心
3. 行遍天下的氣魄
4. 回歸自然
5. 安穩平和的睡眠
6. 享受真正屬於自己的空間與時間
7. 彼此深愛的靈魂伴侶
8. 有真正懂你的人
9. 身體健康、內心富足
10. 能感染並點燃他人的希望

我看不太懂第三條的意思，所以決定將其替換為「永保童心」，希望自己年輕時的理想和初衷，不隨著年紀增長而改變。這十項奢侈品都是金錢買不到，但能夠透過努力經營來豐富我們人生的無價品。新的一年，計算財富的單位不該再是金錢，而是這些無價奢侈品。您擁有了幾項？

善待自己，款待他人

進入人生下半場後，要少為物質活，多為自己活，也多為他人活。

「多為自己活」的意思，就是不活在社會期待和他人眼光中，做自己喜歡的事，過自己想過的生活，「享受真正屬於自己的空間與時間」。

「多為他人活」則是盡一己之力，關懷身邊人、社會事。讓自己成為別人祝福，「能感染並點燃他人的希望」，成為正面的力量，人生不至於白走一遭。

從反面角度來思考，也可以得到類似結論。之前提到澳洲在安寧病房工作的看護維爾整理出的人生前五大遺憾，其中就包括了「希望有勇氣活出自己要的生活，而不是其他人期待我過的人生」、「希望更勇敢地表達自己的感受」以及「希望讓自己過得更快樂」。

經過一些人生歷練之後，生命追求的事物自然和年輕時不同。年過五十，觀看「三十而已」時，真有許多感觸。年輕人在社會壓力和競爭下，想要過更好的生活，追求財富和名聲的累積。生活基本需求無虞之後，應該重新思索人生方向與目標。

自己要改變的一件事，就是對物質生活態度的調整。從小看到父母親維持家計的辛苦，也養成了自己節儉的習慣。用比較客氣的說法就是，超乎平均值的節儉。一直累積許多用不著、不必要的物品捨不得丟棄，連小學時的筆記本、通訊錄、大學時的衣服都還在，各式各樣的文具雜物堆滿了所有空間，所以春節假期的首要任務就是把不必要的物品分門別類處理掉，好好地斷捨離。

另外也要檢討自己的金錢觀。過去對自己和他人都不夠大方，未來的日子，要多善待自己，款待他人。

18

深入了解他人，幫助我們深刻認識自己

「你永遠無法真正理解一個人，
除非你站在他的角度，穿上他的鞋子走一段路。」
——哈波・李（Harper Lee）

最近拜讀了《紐約時報》（*The New York Times*）專欄作家大衛・布魯克斯（David Brooks）的新著《深刻認識一個人》（*How to Know a Person*）。他過去的著作《成為更好的你》（*The Road to Character*）和《第二座山》（*The Second Mountain*），都在探討人生的優先順序，到底是更重視生前的履歷表，還是身後的追悼文？要追求財富、權力、聲名，還是利他後感到的喜樂？

新作則是看到社會充滿了埋

怨和衝突，人們心裡愈來愈孤單，原因是我們沒有去深刻認識和理解身邊的人，彼此冷漠忽視，所以整理出一套方法，提醒大家如何以人文和同理心讓社會變得更好。

在網路世界裡很多人都有數百或上千位好友，但真正認識的朋友有多少？難怪網路上多的是批評謾罵，很少有互相理解尊重。要想有更和善的社會，大家都該培養一個重要的能力：深入了解他人，並讓他們感覺被看見。

人群中常有兩種人，一種是照亮者，投射自己的光和熱讓別人能發光發亮；另一種則是削弱者，以自我為中心，忽視他人，讓人覺得自己很渺小。我們都該努力成為前者。

朋友處低潮或是有困難時，陪伴就是最好的方法。幾年前我打壘球肋骨受傷，隊友們來家裡探望，雖然在生理上不會因此恢復得較快，但是心理上被關懷的感動則會永遠記得。在朋友快樂或悲傷時，不必說太多話，只要出現、陪伴、表達關心，就是成為照亮者的最好開始。

走出自我中心，才能真正傾聽與理解

遇到有人求助時，我們應該要像教練般聆聽，適時提出問題來找出他真正的困擾，**了解他真正想要什麼，而不是告訴他該如何做**。書中給了我們許多具體的工具和例證，幫助我們可以在實際生活中，真正傾聽和了解身邊重要的人。

很多時候我們因自我中心，對人視而不見。書中有個很有趣的例子，一個男人在河邊，對岸的女人大喊：「我要如何到對岸？」男人回答：「妳已經在對岸了。」

芝加哥大學（University of Chicago）的艾普利（Nicholas Epley）教授發現，在上、下班通勤時間的火車上通常沒有人說話，多數人都是戴著耳機看手機。他決定做實驗誘導乘客主動跟陌生人交談。結果發現，絕大多數乘客都表示聊得很開心，比看手機有趣。他也發現，之前大家不互相交談的原因，是我們不知道別人的意願，因此不敢主動開口，也就是低估了人與人想要交談、連結的渴望。事實上，只要稍微加以鼓勵，很多人都願意分享自己的故事，也想要被看見、被聽見、被理解。

我自己的個性和布魯克斯自述的有一點像，都是屬於相對理性而較不擅表達情感的類型，重視效率多於關懷。但是個性不是不能改變的，做為一位「成長者」，要能正視自己的缺點並願意積極調整，以成為一個更圓滿成熟的人。布魯克斯花了四年時間學習調整改變自己，我們也都可以。

我可能無法做到像布魯克斯一樣成為倡導者，出書鼓勵我們多去認識、傾聽周遭的陌生人，但至少應該努力嘗試去深刻認識身邊的朋友同事，從看見這個人，到看見他的磨難，再到看到他的力量，與人有效連結，並幫助他人綻放光芒。其實**在深刻認識他人的過程中，也會讓我們更深刻認識自己，反思要過什麼樣的人生。**在照亮他人的同時，也成就自己的人生。

19

感恩與報告——給亡父的一封信

「父親是你一生中唯一一個願意放棄自己一切，讓你成為更好的人。」
——查爾斯．瓦登（Charles Wadsworth）

父親是海軍陸戰隊的軍官，經人介紹認識了從小因戰亂從大陸逃難到越南、長大成年後才回台與家人團聚的母親，進而交往結婚。父親因為在軍中跟隨的長官突然去世，後續發展機會有限，因此選擇早早即以少校退伍，把退休金一次提領後在高雄縣鳳山市五甲廟附近買了公寓一樓做生意，先從瓦斯行開起，後來體力不能支撐爬樓梯送桶裝瓦斯，改成經營雜貨店。從此夫妻兩人一年三百六十五天守著這家雜貨店，一心栽培我，期許我能用功念書翻轉人生，不要有他們在戰亂中沒有機會多受教育的遺憾。

他們省吃儉用，竟然想到也捨得在那個時代，就讓住在鄉下地區的我從小學習英語，打下基礎。又費盡千辛萬苦到處請託求助，讓我跨區就讀市區的新興國中，才有較高機會考進高雄中學。父母對我期望很高，要我專心念書，連當時只在週末播出的港劇「楚留香」都不讓我看，算是親子間的小小衝突。

身為家中的獨生子，背負著這樣的期望，雖有壓力，但也因為從小看到父母完全地犧牲投入，自己幾乎沒有任何休閒娛樂或嗜好，省下的每一分錢都投入我的成長和教育，所以我也算是循規蹈矩、認真學業，一路念到博士。正當獲得學位準備返台教書、一家團聚之際，父親竟然過世了，這可以說是我人生最大的遺憾，沒能讓父親承歡膝下，讓他看到我後來奮鬥的成績。在他離開二十年後，我寫了一封信給在天國的父親。

爸，今天是您離開我們二十年的日子。那一年，是我拿到博士學位後的暑假，當時也順利找到教職，準備在開學前返國到東吳大學任教。心想利用最後一個留在美國的假期，跟著系上教授做研究助理，再多充實一下自己。

那段時間非常開心，去國六年跟您們分開，終於念完了學位要全家團聚。記得您抱著還小的我散步時，就告訴我，「治仁，你以後要努力，去美國念博士。」也不知道是不是這樣的叮嚀期待，在我小小的腦袋裡發揮了導航的作用，我後來就一路往這個方向前進。甚至到後來，我同時申請到MBA和政治系博士班時，還是選擇了相對耗時久、收入少、工作不好找的博士班，也是受到您的影響。至於我們負擔不起的高昂學費和生活費，在上帝的帶領下拿到了學校的獎學金，解決了最頭痛的經濟問題。六年苦讀，拿到了兩個碩士和一個博士學位，完成了您對我的期待，和自己設下的目標。我也放棄美國大學工作面談的邀約，為了能夠回國一家團聚。

就在這麼快樂的情緒及充滿期待的日子裡，接到了媽的電話，說您送醫急救，情況很不樂觀。我趕緊在兩天的時間內把所有行李整理寄回，房子退租，訂好機票趕回來。高中同學在小港機場等我，馬上把我送到802醫院。您當時已經在彌留狀態，我緊緊握著您的手，但是不確定說的話您有沒有聽到。一個小時後，您離開了。

如果說我的人生有什麼遺憾，就是沒能在完成學業之後，和您一起生活。您生長在戰亂的大時代，沒有機會接受更好的教育，從軍中退伍後就和母親經營一家雜貨店。您們用盡了一切的資源和力氣，在四十幾年前就有遠見讓我有機會從小能夠接受英語教育。這個安排，讓我在後來的求學和工作歷程上得到了莫大的助益。

兒時的深刻記憶，就是過年前或繳學費前，您們常常都要商量是不是需要標會來支應。您和媽媽對自己的物質生活節省到極致，已經到了苛刻的地步，唯一的心願就是希望我能夠接受最好的教育，做一個對國家社會有用的人。我知道您在天上一定有看到，我盡了我的力量，希望能夠達到您的期待。

上個星期去墓園看您。媽媽哽咽著說，如果您看到小傑、小欣現在的樣子，不知道會有多麼高興。兩個孩子都很聽話乖巧，也都很上進。小傑今年突然抽高，已經比我高一點了。他們雖然沒有看過爺爺，但是都知道您對家庭的付出和對家人的關愛。

我們也會努力，讓孩子們能夠在愛中成長，榮神益人。

自己當了父親之後，更能夠體會父親對孩子的愛。家人之間的相處，或許受到時間和空間的限制，但是感情的維繫和價值觀的傳遞，卻是永遠不會被阻絕的傳承。您對我的養育和栽培，無以為報，也不再有機會晨昏定省、承歡膝下。這是我人生的最大遺憾，但是我知道您不會在乎，您在乎的是我是不是過著一個充實、有意義的人生。我有的，請放心。

PART 2

務實走自己的路

想成為怎樣的人，就要用對的方法做對的事，腳踏實地去做。

20

實現夢想不能光靠想像和等待

「生活的難以忍受不是由於環境，而是由於缺乏意義和目標。」

——維克多．弗蘭克（Viktor Frankl）

最近在網路上看到一場很激勵人心的演講，講者講述自己在貧困家庭長大，從小就經歷許多挫折磨難。一直努力打拚，終於做到了世俗標準的成功，有很好的職業和收入。

後來他做了一個重要的決定，就是放棄這份穩定的工作，轉而追求自己的熱情和夢想，結果也成功做到了。不但做得很開心，善用了自己的能力，也可以正面影響幫助他人，真的是一個完美的正向典範，很值得學習。

社會上的主流聲音之一，就是鼓勵大家找到自己熱情的所在，實現自己的夢想。我們很容易可以看到媒體上的名人例子，在眾人都不看好的情況下，因為堅持理想，最終打破大家眼鏡，成就自己的目標。

像是賈伯斯在史丹佛大學（Stanford University）畢業典禮的演講，就堪稱經典，他要大家一定要找到自己的熱情所在，不要勉強遷就。我們對李安、吳寶春、林書豪等這些激勵人心的奮鬥故事也都耳熟能詳，成為啟發大家永不放棄的典範。

我並不反對追尋熱情的說法，只是希望提醒大家，在尋找熱情和夢想的同時，也要能夠兼顧現實，而且有步驟與方法。因此，每當我聽到「成功」故事時，過去學習的統計心魔就會跳出來提醒我，類似魯爾夫・杜伯里（Rolf Dobelli）在《思考的藝術》（*Die Kunst des klaren Denkens*）書中所提出的「存活者偏誤／倖存者偏誤」（The Survivorship Bias）。

在日常生活中，由於成功者的能見度遠遠高過失敗者。因此，人們總是會系統性地高估了「自己」獲得成功的可能。一個人或是一家新創公司的成功，背後可能有一百個失敗的案例。只是失敗者不會被邀請去演講、出書或是接受媒體專訪，更無法到處宣揚失敗的心路歷程，供人警惕。

靠想像做夢，還是用行動築夢？

大家熟悉的李安導演就是一個明顯的例子。他為了追求電影夢，熬過了在紐約六年做全職家庭主夫無緣發揮藝術專長的苦，滿腹的才華只能在劇組守夜看器材、做苦力。當然，在堅持之下，後來的成功故事大家都知道。只是一位成功的李安背後，有多少位出不了頭的逐夢者，我們真的不知道。要小心，不要無辜淪為「存活者偏誤」下的犧牲品。

另外一個例子則是在一九九五年，直接從高中跳到NBA的凱文・賈奈特（Kevin Garnett），他的成功故事激勵了無數高中生仿效，但事實上，從一九七五年起迄今，也只有41位高中生達成此目標。但不知道有多少高中生因而放棄了申請大學的準備和機會，影響了後續的人生發展。

千萬不要誤會，我不是說大家不要追求熱情和夢想，而是提醒築夢踏實的原則，**從現實面評估實現夢想的可能性，訂下具體的規劃和適合的檢核點，並做好預備方案**。除了機率之外，我們一定要考量的還有後果。在不同的機率組合下，自己能夠承擔的負面後果有多大，面對不同的負面後果時，因應策略為何？當這些備案都想清楚了，就給自己一段時間放手追逐夢想，在過程中不斷檢討、評估、調整做法，這才是大膽追求夢想的具體步驟。光靠想像和等待，夢想很難實現。

因為有「存活者偏誤」的存在，我認為除了「擇其所愛」，還可以「愛其所擇」。回到統計數據，我想真正能夠結合工作、興趣與熱情的人，在社會上屬於幸運的少數，但這並不表示其他人就必須一直帶著負面情緒生活。事實上，每一份工作都有優點、缺點，我也看過一些NBA球員本來熱愛籃球，可是當打球成為每天的工作壓力時，反而失去熱情的報導故事。

反過來說，即使是原來沒有特別有興趣的工作，一定也能找到有趣之處，讓自己學習成長，在工作中迎接挑戰，獲得成就感。這樣的心態轉換結果，不一定會比一心追求夢想來得差，畢竟不是每個人都知道自己熱情所在，且光有熱情沒有其他如耐挫力、恆毅力等正面心態配套，熱情也可能很快消磨殆盡。

在工作中找到熱情

《恆毅力》（*Grit*）是一本很受歡迎的書，讓人思考不同態度對生涯帶來的影響。社會上最聰明、最有才華的人，最後不一定最成功。天賦不能決定一切，持久的熱情加上堅持的毅力，才是讓人生獲得重要成就的致勝關鍵。

我對於書中提到的兩個元素：熱情和毅力，有不太一樣的看法。大家都希望能夠找到天生的熱情，每天上班做的都是自己喜歡的事。但是在現實生活中，真有幾個人能夠做到？我自己的熱情，或者說興趣，在運動、看電影和閱讀。可惜的是，以我的天賦，這幾件事情都很難換到餐桌上的麵包，我還是必須找到興趣以外的事情做為職業。退一步說，就算我的天賦再好一點，例如身高再多三十公分且彈跳力增加一倍，但是把打球的興趣做為必須每天訓練的職業之後，是不是還能夠保有現在的熱情，我也相當懷疑。因此我對追求熱情和夢想是最重要的說法有所保留。我相信，在統計上，絕大多數人也沒有辦法把天生熱情和興趣做為自己的工作。對於少數幸運兒，我是真心羨慕也祝福。

當然，這並不代表我們必須「忍受」沒有熱情的工作。反過來，我抱持也鼓勵另外一種態度，就是認真在工作中找到熱情、成就感和意義。《恆毅力》書中以一則寓言為例，有人問三個泥水匠在做什麼？第一位說，我在砌磚頭；第二位說，我在蓋教堂；第三位說，我在建造上帝的家。三位泥水匠其實在做一樣的事情，但是他們的心態、成就感和熱情是完全不一樣的。

任何工作都有其意義和價值，第三位泥水匠可能沒有薪水也會很有使命感地快樂工作。能夠以恆毅力去面對困難，不輕易放棄，**並且在生活和工作中找到熱情、價值和意義，用這樣的心態面對生活和工作，快樂和成就感就操之在己，而非受控於人。**

21
想成為怎樣的人，現在就開始做準備

「我們重複做的事造就了我們。
因此，卓越不是一種行為，而是一種習慣。」
——亞里斯多德（Aristotle）

最近看到一部網路影片，趁機和孩子們探討自律這個議題。影片介紹彭于晏這位藝人，他從小是個小胖子，努力減重踏入演藝圈。在初期並不特別走紅，角色多為暖男性格的配角，後來還因合約糾紛，曾有一年沒有工作。但是他持續自我要求，不斷進步，終於達到了現在的地位。

他在拍電影的過程中，嚴格自我要求，幾乎每拍一部電影就學會一項新技能。例如在拍「翻滾吧！阿信」時，每天鍛鍊體操，堅持了八個月。拍攝「激戰」時，和真正的拳擊手練打三個月，一度體脂只有3％，還學會了格鬥、泰拳和鎖技。拍「我在墾丁天氣晴」時學會了衝浪；拍「海豚愛上貓」拿到海豚訓練師的資格。

在拍「黃飛鴻之英雄有夢」前也學了半年的工字伏虎拳和虎鶴雙形拳，拍攝時不用替身。拍攝「破風」時，拿到了專業賽車手證。在「湄公河行動」學了泰語、緬甸語和射擊。「危城」學會了雙刀。

我最早注意到他，是影片裡沒說的一部電影，他在拍以聽障奧運為主題的「聽說」時，也是苦練手語。其實當演員可以不用那麼辛苦，只要在畫面上交代得過去就行，但是彭于晏的自律精神，讓他不斷成長進步，最後受益的還是自己。

自律使我們活得更自由

沒有人喜歡他律，讓別人決定自己該如何生活，但是如果又沒有能力自律，下場就會很慘。**自律就是知道自己要什麼，而且能夠控制自己的惰性和本性，落實執行。**有一則烏龜和毒蠍的故事。烏龜要渡河，毒蠍希望搭便車。烏龜說你一天到晚螫人，我不敢。毒蠍說我不會，如果螫了你，我也會淹死。游到一半，烏龜劇痛，臨死前問毒蠍你為什麼這麼做？毒蠍說，我控制不了自己。

我們也常這樣。有時候明明知道該做的事，卻怠惰不做；不該做的事，卻還是一直重複。這就是自律的功夫不夠。

比爾・蓋茲（Bill Gates）即便如此成功，他每年都還會對自己做年終評估，看看有沒有達到自我設定的目標。他曾經問自己的三個問題：有沒有花足夠時間陪家人？有沒有學到新東西？有沒有開發新友誼、深化舊友誼？

《恆毅力》作者安琪拉・達克沃斯（Angela Duckworth）及許多研究都指出，自律比智商更能預測一個人未來的學業表現、工作成就及身體健康。

有人覺得自律或接受規範，就是失去了自由和自主權，其實恰恰相反。紅燈停下來、開車靠右邊，都是規範，不遵守就有危險，遵守了才有行動自由。一個人當然也有吸毒的自由，一旦上癮了，就被毒品宰制，哪裡還有自由和自主權？**自主自律後，才有真自由。每一個決定，都必須由自己承擔後果。**

跟孩子們討論這些觀念時，我特別聲明不是在說教，也不表示我自己已經能做到了。事實上，我自評的自律成績是很差的。自律是需要一輩子不間斷練習的功課，不管是情緒、語言、反應、時間、錢財和身體健康等面向，都需要自律的管理。未來我們希望成為什麼樣的人，現在就要開始做準備。

22

打破框架，重新定義你的工作

「別問這世界需要什麼，問問自己什麼讓你充滿活力，然後去做。
因為世界需要的是充滿活力的人。」
——霍華德．瑟曼（Howard Thurman）

每年我都會安排時間到集團裡的每一家飯店去跟同仁座談，溝通公司未來發展的願景和內部需要建立的共識，並根據先前的問卷結果和現場反映的意見，共同討論如何解決同仁們在職場上遇到的困難。

過去幾年來，我們一直努力的方向，在於持續創新、深耕文化藝術，以及義大利飯店的拓展。貫穿其中的精神，則在於對第一線同仁的授權和尊重，希望能夠改變傳統飯店產業相對由上而下的領導方式，落實主人式的服務精神。

有一次座談前，我先放了杜克大學心理學及行為經濟學者丹・艾瑞利（Dan Ariely）的TED演講給同仁觀賞，主題是「讓人更喜愛工作的因素」。演講中提到一個實驗我覺得很有意思。主辦單位花錢請兩組人來組裝樂高（LEGO）積木，這兩組的報酬金額都會隨著數量遞減，比較兩組人共組裝了幾個樂高模型之後會停止。

兩組的差別在於：第一組把模型組裝後放在旁邊，繼續組裝下一個；第二組則是組裝好後，有人把剛做好的模型直接拆掉，再交給參與者繼續組裝下一個。雖然兩邊參與者得到的金錢是一樣的，但是看到自己的作品直接被拆解，讓第二組參與者繼續做下去的意願大幅下降，結果是第一組組出了比較多的模型，數量是十一比七。不只這個實驗如此，他還進行了許多不同主題的實驗，都得到類似的結論：一個人工作，不只是為了金錢的報酬。

做著沒有意義的工作是在浪費生命

如果沒辦法在做一件事的過程，找到當中的意義，以及自我實現的成就感，單靠金錢的報酬是不會有強烈動機的。例如登山，過程絕非輕鬆愉悅，而且充滿挑戰痛苦，但是喜歡登山的人依然樂此不疲，因為有根源於內在的動機。

做為一個主管，要特別注意公司的制度和自己的態度，在制度上有沒有去引導這些價值導向，態度上有沒有鼓勵尊重。有時候主管不經意的一句話，就會扼殺了同仁做事的動機，這是所有身為主管的人要特別警惕的。

回想剛開始推動許多制度來提高員工參與度和激發創意的時候，心裡是忐忑的。每一個制度設計都有成本花費，更重要的是還要已經很忙碌的第一線同仁撥出時間參與各項活動或接受培訓，而且不像業績數字一樣可以在短期內看到具體成果。大概持續三年左右，才逐漸感受到同仁願意主動提出問題，並常有令人驚豔的解決方法，慢慢確認這樣的方向是值得長期推動的。即使是對的原則，也必須堅持下去，等待時間的發酵。

工作的意義也可以由自己定義，不要被既有框架限制住。飯店可以不只是傳統定義的飯店，舉例來說，飯店也可以是文化創意的實驗場域、國際文化交流的平台、客人驚喜圓夢的所在，或是同仁自我實現的舞台。每一個不同的目標，都可以提供新的思考機會和工作意義。每個行業都是如此。

例如，賣床墊業者是單純賣床墊，還是賣睡眠品質？咖啡業者是賣咖啡，還是賣生活方式？醫院是單純治病，或是做健康生活知識的教育和推廣中心？**目標擴充了，工作就可能變得更有意義，也更有發揮的空間**。每一個人都可以在自己的工作中，找到新的意義和熱情，端看自己願不願意而已。做著自認為沒有意義的工作，每一分鐘都是生命的浪費。

23

那一夜，我去聽張學友第 139 場演唱會

「沒有什麼能代替堅持。
天賦不能，教育不能，唯有堅持和決心是萬能。」
——卡爾文．柯立芝（Calvin Coolidge）

二〇二四年六月十四日，我去聽了歌神張學友第139場的演唱會。在上一個星期，他才因為感染呼吸道融合病毒（RSV）一口氣取消當週三場演出，媒體採訪醫生的說法是，因為RSV會導致氣管收縮和呼吸道變窄，而演唱會需要很大的肺活量，可能要一個月以後才能恢復，所以我抱著演唱會很可能取消的心情，等待主辦單位的消息。

當天看到新聞，張學友抵達

台灣準時開唱。一開始聽他的聲音有一絲沙啞，後來他在談話時說有考慮今天要不要取消，但早上試唱狀況還可以耶，獲得滿場喝采。他在舞台上一表演就瘋了，全力演出，又唱又跳，雖然後來體力還是下降了。

到了下半場可以看得出來他很努力在撐，不時咳嗽、一直喝水並以手巾拭口，最後還是很敬業地完成了演出。張學友今年六十二歲，唱了四十年，能夠歷久不衰絕對不是偶然的。如果張學友沒有生病，我只是看到一場精采的演唱會。因為他生病了，我看到了一位傳奇藝人的典範表現。

比音樂更能打動人心的是精神與態度

在一般聽眾耳裡，知道他還未完全康復，當然理解也接受會有一點落差，事實上也不是很明顯。但是張學友顯然非常在意，不斷地向歌迷們道歉，中間有幾個高音唱不上去，也可以從他的表情看得出幾分懊惱，也一再向全場鞠躬致意。他這樣全心付出的真誠，反而更贏得全場歌迷的支持。

有幾個橋段，他也以機智幽默來塑造現場氣氛。安可曲唱〈一路上有你〉，在結尾時他少見地遞出麥克風聽觀眾合唱最後一句，然後說：「遞出去就是要給唱得更好的人。」自嘲：「這是唯一一次我覺得唱不過你們的。」接著自己又清唱了最後一句，再說：「只唱一句還可以，唱整首就一定是有問題的。」逗得全場大笑。

另外一個讓我印象深刻的是，張學友逐一介紹台上約六十位音樂伴奏老師，不但記得他們的名字，還一一鞠躬。當中最年輕的老師才二十歲出頭，比他女兒還小兩歲，但他還是充滿敬意地鞠躬致謝。

張學友說了一段很令我感動的話，大意是朋友問他那麼辛苦為什麼還要唱啊，應該享享清福，去環遊世界。他說自己已在巡迴世界了，但是只在機場、飯店、場館三處移動。對他來說，這已經是在享受人生，因為他最享受的就是在舞台上，為喜歡聽他唱歌的朋友表演。

當晚我也想起，麥可．喬丹（Michael Jordan）在一九九七年的總冠軍賽，不知道是因為流感還是食物中毒，他在身體極端不適的情況下仍堅持到底，甚至在中場暫停時還必須由隊友攙扶才能走回板凳區，最後得到38分率隊贏球。喬丹很少缺席比賽，他有個信念：自己經常都有比賽，但對球迷來說，費盡心力才能買到票來現場觀賽，一生可能就只看到他打這一場球賽，所以他要盡力不缺席，每一場都全力表現。這種敬業的精神非常不容易。不管是張學友或喬丹，都已在所屬領域登峰造極，但是他們不輕看任何一次工作機會，全力以赴，對觀眾和自己都展現最高的尊重，我想，這也是他們為何能成功的關鍵因素。

那一夜，我少聽了幾個飆高的音符，卻見證了偶像難忘的典範。

24 如何有效「管理人生」？

「未經反省的人生不值得過。」
——蘇格拉底（Socrates）

最近重讀彼得．杜拉克在一九九九年發表的〈杜拉克教你自我管理〉（Managing Oneself）一文，他提醒大家在面臨人生和工作重要決定時，要能夠先了解幾個面向：

1. 自己的長處是什麼？
2. 做事的方式為何？
3. 個人特質是什麼，用什麼方式學習？
4. 自己的價值觀是什麼？

杜拉克認為，能夠清楚了解上述問題，才能真正有效規劃未來。

用「回饋分析法」來自我評估

「了解自己」不是如字面上呈現那麼容易的一件事。**真正知道自己能做、想做和應做的事，再找到最適合的環境和方式去實踐**，是人生的重要課題。否則一不小心，就渾渾噩噩地過了大半生。

多數人以為自己應該了解本身的長處和缺點，結果卻很可能是誤解。我記得公司每年進行「360度評鑑」時，自評印象和他人評價有相當大落差的案例所在多有。杜拉克建議一個在十四世紀由日耳曼神父提出的「回饋分析法」(Feedback Analysis)，來更了解自己的優缺點。

每當需要做出重大決定時，先記錄下自己對未來將發生狀況的預測，事過境遷後再來比對實際結果，這樣就能知道自己在哪些領域的看法和決定是相對正確、哪些地方容易犯錯。幾年下來，就能夠清楚了解自己的長處和短處。

接著持續強化自己的長處，並專注在能發揮長處的領域。另一方面，在自己表現不理想的領域，分析犯錯原因，並改掉造成這些錯誤的思考方式或習慣。透過這樣的客觀分析，了解自己的優缺點之後，就比較能清楚知道該投入哪些領域的工作，避免把精力投注在無法勝任的領域。

另外也要考慮自己的工作習慣，是善於和別人合作，還是適合單打獨鬥？適合在大的組織發揮，還是在小的機構環境？這些都是重要的考慮因素。

擁有成長心態的人不斷進步

我後來再進一步思考如何更深化這種回饋機制，除了杜拉克介紹的評估自身過去的成敗之外，至少還有下列做法。首先就是從了解自己的人得到回饋。我們可以從有一定信任基礎的親友、同事中得到他們對自己的建議，鼓勵對方以「用愛心說誠實話」的態度，了解別人眼中的自己。

另外就是從閱讀中得到改變的力量。閱讀讓我們得以站在巨人的肩膀上獲取知識並開拓視野，但可惜的是不見得真能帶來人生具體的改變。絕大多數時候，我們閱讀的感動及心得，就在闔上書本後的隔天漸漸淡忘，又回到過去的軌道上。如果我們能訂下一個目標，在讀完每一本書之後，找到一個可以正面改變自己的做法或習慣，刻意地實踐並定期檢驗，一定能夠讓自己有效成長。

最後就是要有願意改變的心態。卡蘿．杜維克（Carol S. Dweck）在《心態致勝》（*Mindset*）一書中提到她的研究發現，人有定型心態和成長心態兩種，前者認為人的素質已經大致底定，能改變的範圍有限；後者則相信後天努力，**有沒有充分認識自己並不斷成長改變，才是成功關鍵。**

如果我們被定型心態限制，就不會認為改變是可能或必要的。我們要有成長心態，不滿足於現狀，也相信天生的限制不是不能克服的，願意面對挑戰，且在失敗中學習。

總結來說，要有效的自我管理，可以從自我了解開始，並願意不斷從回饋中學習成長，活出更充實的人生。

25
化不可能為可能

「別人如何對待你是他們的因果報應；你如何回應取決你自己。」
——偉恩．戴爾（Wayne Dyer）

我在網路上看到前加州州長阿諾・史瓦辛格（Arnold Schwarzenegger）多年前的兩場演講，非常受到激勵。他是一個在奧地利偏鄉出生的小孩，想要脫離既定務農或在工廠工作的宿命。因為他在十一歲時被一部紀錄片中美國的摩天大樓、橋梁和高速公路所吸引，就決定了這是自己要去的地方。有一天放學，他在健美雜誌上看見在電影「大力士和女俘」（*Hercules and the Captive Women*）中飾演海格力士的雷格・帕克（Reg Park），彷彿看到了自己從健身到電影的生涯發展藍圖，接下來就是怎麼落實了。

旁人都不解他為何能夠每天辛苦訓練六小時，還能帶著笑容。因為他有目標！每一個深蹲和舉重，都讓自己離美國更近一步。他到了美國後，一邊念大學，一邊健身，晚上還要去上表演課，再找時間去建築工地打工賺錢。為什麼能夠同時做這麼多事？他說一天二十四小時扣掉工作、睡覺、吃飯的時間，每天還有六個小時，看各人如何運用，是選擇浪費掉還是讓自己學習成長。如果有人說他沒有時間一天運動半小時，或是閱讀一小時，絕對是自己選擇不去做，而非沒時間。

他還以自身經歷提醒，不要被持負面意見的人影響決定。阿諾一生都被人說他想做的事不可能成功。奧地利鄉村的小孩怎麼可能靠健身去美國發展？聽到他想拍電影時，經紀人和投資者都在笑，這麼魁梧的身材，不是當時好萊塢帥哥主角的類型，何況他又有很重的口音，以及沒有人唸得出來的名字。

但是，他相信自己可以成為男主角，去大學學英文降低口音，參加表演課不斷學習。雖然第一部電影「大力士在紐約」（*Hercules in New York*）失敗，他還是不放棄，幾年後「王者之劍」（*Conan the Barbarian*）票房大賣，他的身材是電影熱賣的重要因素。後來主演「魔鬼終結者」（*Terminator*）讓他成為家喻戶曉的大明星，導演說，如果不是阿諾說話的口音，且音調又像機器人一樣的話，電影不會如此成功。本來的負債結果都成為資產。

選州長時更是如此。顧問告訴阿諾，應該從市長或議員選起，循序漸進，結果在大家都不看好的情況下，他當選了加州州長，一生都在化不可能為可能。影片接著是他從自己的人生歷練中給大家的幾個提醒，我分享兩個我最有感的：

第一是**不要被既定規則限制住，還沒嘗試就放棄。**曼德拉（Mandela）說過，許多事都是不可能發生，直到有人做到。嘗試後就算失敗，至少不留遺憾。

第二就是要拚盡全力。世上事沒有奇蹟，只有累積。拳王阿里（Muhammad Ali）被問到每天做幾次仰臥起坐，他說我沒算全部，我從開始痛的時候才起算。所有成果收穫都是在努力後才會發生，就算最後失敗，也絕對不要是自己不夠努力而造成。

成功絕對有運氣的成分，而且還占有相當大的部分，但是如果我們沒有做好準備，就算運氣來了，還是接不下這個機會。所以才說，機會是給準備好的人。

這裡所謂的成功，絕非指功成名就，而是**達成自己設定目標、完成自己認為值得做的事，我認為就是成功了**。阿諾給我最大的啟發，是人生要有目的和方向，這能讓我們每一天過著有意義的生活，而不只是過日子。

26
盡全力是對自己盡責

「我們中沒有一個人比『我們』更聰明。」
——肯・布蘭佳（Ken Blanchard）

我是個NBA球迷，也由於在芝加哥念過書，特別喜歡公牛隊，尤其有幸在喬丹奪冠時的巔峰時期身處當地。當時接待我的家庭有買NBA季票，每年會送我一張到現場觀賽，是我這輩子難忘的回憶。

現在雖然沒時間看轉播，但我還是很關心公牛隊戰績和發展。公牛隊的運氣特別不好，過去有位可以改變球隊命運的主力明星球員、人稱「飆風玫瑰」的羅斯（Derrick Rose），在首輪選秀時以選秀狀元之姿加入，讓球隊有奪冠機會，但後來在不斷的傷病中離隊。經過好一陣子，前幾年球隊重組，招募了幾位老將新秀的組合，也曾打出東區第一的不錯成績，但是主力控衛鮑爾（Lonzo Ball）又嚴重受傷，從二〇二二年初迄今都沒有再上場過，公牛隊戰績直線滑落。

以團隊為念的公牛隊精神

我記得當年的王牌球員羅斯受傷後，第二好的球員丹恩（Luol Deng）也被交易，同時有許多球迷和球評呼籲，乾脆放棄本季，戰績愈差，就能夠有愈高的機率明年抽籤獲得更高順位的新秀來補強戰力，以圖中長期的發展。當全世界都放棄公牛隊的時候，公牛隊的教練和球員卻不這麼想，丹恩被交易出去之後的九場比賽，竟然贏了七場，跌破所有人的眼鏡。

當然，在NBA的世界，天賦和能力最後往往還是能戰勝純粹的意志力，公牛隊不可能長期保持如此佳績，但是他們永不放棄、拚戰到底的精神，已經贏得了所有人的尊敬。在他們身上，有許多特質值得讓個人、團體甚至整體社會參考學習。

「盡其在我」，是一件知易行難的事。我們很容易因為客觀環境的挫折，或是本性的怠惰而放棄。別人不一定看得出來，**真正知道自己有沒有盡全力的，只有自己**。到了最後，其實我們所做的一切，不是為了別人，而是向自己負責。當時公牛隊的中鋒諾亞（Joakim Noah）在受訪時說：「當事情不順遂的時候，你要放棄嗎？還是要奮戰到底？我希望人們記得這支球隊永不放棄。」、「到了最後，你整個職業生涯剩下的，只有回憶。」就是這個意思。

他們沒有必須贏球的壓力，在主將受傷、經營階層都已經放棄本季的客觀環境下，輸球既是大家都可以接受的結果，也不影響個人的薪資待遇。但是，「向自己負責」這樣的敬業和專業精神，讓他們的表現遠遠超出眾人的期望。

「團隊精神」是另外一個老生常談。英文有句話說：「There is no I in『Team』.」意思是在團隊這個字的拼音裡，沒有「I」（我）這個字，也就是暗喻團隊中沒有個人的存在。一個團隊中如果人人都以自我為中心，再好的一群球員集合起來也無法發揮戰力，過去美國夢幻籃球隊失敗的主因也在於此。而一群以團隊為念的球員，就算沒有明星球員，還是可以發揮出比個別力量加總起來更強大的實力。

那段時間還有一位其他球隊都不要的選手奧古斯丁（D. J. Augustin），加入公牛隊以後很快融入團隊進行比賽，十場比賽平均得分高達20分，成為一位很有貢獻的球員。個人幫團隊加分，團隊使個人更好。

已經有好長一段時間，台灣人民都覺得日子很苦悶，對未來嚴峻的國際競爭和產業發展也都憂心忡忡。希望看到台灣也能夠像我所喜愛的公牛隊一樣，充滿奮戰精神，向自己負責，做到其他國家認為我們做不到的事，成為個人為社會加分、社會使個人更好、充滿團隊精神的國家。

布萊恩、柯瑞帶給我的啟示

另外我也想談一下柯比．布萊恩和史蒂芬．柯瑞（Stephen Curry）兩位球星的故事。二〇一六年四月十四日是NBA重要的一天。縱橫球場二十年的老將布萊恩，在洛杉磯湖人隊主場出賽最後一場後退休，以狂飆60分的表現劃下完美句點。同時間，金州勇士隊的柯瑞率隊破了二十年前傳奇公牛隊單季72勝的紀錄，在奪得73勝的同時，也締造了單季投進402顆三分球的個人紀錄。我從這兩位球星身上看見共同的態度：認真。

先談布萊恩。二十年前進入NBA時，就因為他的態度而引人側目。球風獨特卻自視甚高，所以引起兩極的評價，但是不管是喜歡他還是討厭他的人，都承認他求勝意志之高，以及拚盡全力打球的鬥志。體育節目ESPN曾有一篇文章，描寫布萊恩如何將自己的體能推向極限，導致阿基里斯腱嚴重撕裂的過程，讓我這個非布萊恩球迷的讀者都感動異常。布萊恩的右腳踝在高中時就嚴重扭傷，他始終在傷痛中打球，但是每天訓練他都是最早到球場、最晚離開的，除此之外，比賽前四小時他一定會到場熱身，力求保持最佳狀況。每場比賽前，也會去研究對手前五場的比賽影帶，反覆觀看，了解對方球隊的戰術以及個別球員的習慣。

最讓人佩服的是，在他用盡全力打完最後一場退休球賽的隔天，他不像一般人想像的好好休息一段時間，照常在早上完成他的例行訓練，八點半進辦公室上班。他說，如果不馬上開始這樣做，就會明日復明日，一直拖延下去。

再談傳奇射手柯瑞，當過得分王和最有價值球員，又贏得多次總冠軍。這樣的NBA超級明星，早期是被哪一個運動品牌簽下代言的？答案是Under Armour（簡稱UA）。我查了當時幾個運動品牌的評比結果，大約落在7至15名的區間，落後最多NBA球星青睞的Nike、Adidas有一段距離，有四分之三的NBA球員是被Nike簽下的。

讓人驚訝的是UA簽下柯瑞的過程，並不是因為他們出高價搶人，或是柯瑞對這個品牌情有獨鍾，完全是最大的體育品牌Nike自己搞砸的。柯瑞原本是Nike旗下的球星，但在二〇一三年要談續約時，Nike 的人不但把他名字唸錯，在合約簡報檔裡，竟然誤植了另一位球星杜蘭特（Kevin Wayne Durant）的名字，顯然完全不用心。柯瑞當時雖然沒那麼紅，但也已經創下單季投進三分球數的紀錄，要求的續約價碼400萬美元一年，相對於詹姆斯（LeBron James）5億美元的終身合約也不算高。但這種敷衍不重視的態度，讓柯瑞最終選擇了UA。

這樣的決定造成多大的影響呢？二〇一三年開始，柯瑞的代言鞋銷售就成長350%，僅次於喬丹鞋。摩根士丹利（Morgan Stanley）分析師估計柯瑞個人對UA的財務影響力大約是140億美金。要說柯瑞撼動 Nike 王朝，可能言過其實。但誰也不能保證一九八四年 Nike 簽下喬丹後，逐漸超越了 Adidas 和 Converse 的故事不會重演。諷刺的是，當年喬丹一心想要簽約的對象是 Adidas 而非 Nike，只是 Adidas 當年面臨創辦人去世，專注在處理複雜的內部繼承問題，讓 Nike 成功達陣，創造了歷史。

布萊恩在球場上和退休後的認真，造就了一位傳奇。Nike 對柯瑞的輕忽，讓自己損失慘重。**不管我們原來的位置和資源為何，認真的態度永遠會對結果造成決定性的影響**。我們在職場上看待新進同仁，最在意的不是可以學習的專業技能，而是認真的工作態度。我記得之前有位助理，他會用最認真的態度完成最入門的例行剪報工作，所有人一下就看到他的敬業精神，後來果然有許多好的工作機會和發展。

不管是打球或是做任何事，百分之百全力以赴，不保證事情一定會能夠成功，但是抱著輕忽的態度，絕對不能成事。最後的結果是成、是敗，有很多不確定因素超出我們所能掌握，但是在過程中盡其在我、全力付出，才是更重要的。而且，認真做事的過程中所得到的滿足感，已經夠了。

27
用對的方法，做對的事

「效率是把事情做對；效能是做對的事情。」
——彼得・杜拉克

年輕時做事，總是覺得拚盡全力是唯一且最有效的方式，後來慢慢感覺適度地改變節奏和方法，有時候反而能達到更好的效果。閱讀了《努力，但不費力》（*Effortless*）這本書之後，讓過去一些模糊的想法有了更清楚的輪廓。

我想大多數人都一樣，工作永遠沒有做完的一天。對我來說，運動是最佳的紓壓放鬆方式。滿頭大汗專注在球類比賽，事後洗個舒服的熱水澡，感覺頭腦更清楚，專注力更強。所以適度的放鬆和掌握節奏，能讓做事更有效率。

埋頭苦幹的投資報酬率不但會遞減，而且還可能變成負的。我們都有熬夜念書，結果卻因為精神不好考得更糟糕的經驗。明早有重要議程，心裡愈著急想要睡著，反而愈睡不著。這些都是無法適度放鬆，結果適得其反的例子。

過勞不是榮譽勳章

在我們的文化裡，休息常被視為偷懶和罪惡，美國則較強調工作和休閒分開的重要性。美國總統固定會公開去大衛營渡假，我們則很少聽到總統或行政院長去休假的新聞。從羅斯福之後的歷任美國總統，經常在遇到危機時刻意到大衛營渡假，既向國人傳達一切都在掌握中的訊息，又能跳脫日常環境來好好思考如何面對挑戰。

其次，不需要每一件事都想做到盡善盡美。不是要大家偷工減料或偷懶，而是要提醒分辨輕重緩急，**不在無謂的事情上花冤枉功夫，但在真正重要的事情上，則要努**

力做到百分之一百二十。

以準備簡報檔案為例，與其花太多時間在各種特效的處理，不如把焦點放在內容的充實和主視覺效果的掌握上。很少有人能夠把每一件事情的細節做到無微不至，每一件事都是重點的結果，往往變成沒有重點。

再者，要學會借力使力。靠自己的力量獨力完成一件事，既耗時費力又受到自身能力和時間的限制。如果能夠借助外界的力量和知識，就可以更輕鬆達到更好的結果。這就像是存款的單利率和複利率差別，設法力上加力，達到更好效果。

學習和閱讀也是一種善用他人知識的借力使力。閱讀是以他人的知識為槓桿，再發展出自己獨特的心得應用。我經常在專欄裡分享讀書心得，說實話，一方面是因為題目不好想，另一方面是當我讀完一本書，藉由這樣整理的過程，能夠讓我充分理解書中內容並有系統性地牢記心得，碰到適當時機能夠加以運用。

最後，小規模實驗，降低失敗的成本。例如父母親應該讓小孩早一點掌管自己的零用錢，就算犯了錯誤，也只是用小錢學習正確的金錢和價值觀，總比長大後再向現實世界繳學費來得好。其他創新也是一樣，先從小範圍和少數項目做起，累積了經驗和成果之後再擴人實施，才不會一次失敗就造成重大損失。

過勞並不是榮譽勳章，把事情做對、做好才是。每個人都應該在做事的過程中停下腳步回想，自己是不是用對的方法在做對的事。從過去的經驗和他人的智慧中學習，找到讓做事更有樂趣的方法並培養對的習慣，以更小的力量達到更大的效果。

28
跳脫自己的思考盲點

「了解自己是所有智慧的開端。」
——亞里斯多德

我們常常會套用自己慣有的邏輯和思維來看世界，但受到既存偏見和個人經驗的限制，往往忽略了許多明確的資訊。我們每天都必須做出許多判斷和決定，要提高判斷的正確性，對於周遭環境的觀察是不可或缺的能力。

哈佛大學甘迺迪政府學院（Harvard Kennedy School）主任麥斯．貝澤曼（Max H. Bazerman）所寫的《覺察力》（*The Power of Noticing*），有不少案例和歸納，很值得大家參考。在書中提到，許多事後來看很明確的徵兆，在事前大家卻不予理會。這樣的例子不勝枚舉，大到如911恐怖攻擊事件的發生（911調查委員會的結論說此攻擊雖然令人震驚，但不全然是意外）、卡崔娜颶風的傷害，小到我們在職場和日常生活的判斷，都可能發生。

這些偏見和思考上的盲點，讓許多可能可以預防的震驚社會案例就這樣發生了，例如太空梭挑戰者號升空前的天候因素、安隆公司（Enron）的造假、馬多夫（Madoff）騙局中驚人的投資報酬率等。

有可能見林又見樹？

因此我們要了解人類思考上的限制，找出解讀資訊和思考上的盲點，來提高我們做決定時的正確性。我們有時會專注於特定資訊，而忽略其他訊息，造成見樹不見林的錯誤。改進的方式，用我自己的理解和用語來說，至少有下列幾項。

● **選擇的盲點** 我們經常在別人給予的二分法選項裡，直接挑出一個決定。其實如果能夠跳脫既有的選擇，思考其他的可能性再做出決定，可能會產生更好的方案，並跳脫原有框架的限制。

● **動機的盲點** 我們往往會因為自身的利益或立場，看不到顯而易見的問題。賓州大學足球隊教練和波士頓的天主教神父，都曾經發生長期、多起的兒童性侵案。但是由於相關人士對於球隊和教會的忠誠，不論是從潛意識裡故意忽視，或者不相信許多警訊，或者一開始就以自己的偏見去過濾解讀許多資訊，以致迷失了真相。其實從另一個角度來看，用自己的政治立場來判斷事情，往往也會有偏差出現，隨時提醒自己，人一定有自己的立場、利益與動機的考量，但不要因此自我設限，影響了對於客觀局勢的判斷力。

● **產業的盲點** 許多產業和領域都有一套大家習以為常的規範和看法，或許在當初形成的時候是對的，但是隨著時空環境的變化，已經失去效度，只是沒人察覺或願意去挑戰。所以應該時時檢視，不要把每件事情都視為理所當然。例如《魔球》

（*Money Ball*）背後的真實故事運動家隊總經理比利・比恩（Billy Beane），就打破了職業球隊選秀的傳統偏見，用系統化的科學方式發現球員真正的價值。局外人往往可以想出突破現狀的做法，就是這個道理。

- **理解的盲點**　有時候我們認為其他人的決定或要求不理性的時候，也許是因為缺乏某些重要訊息，或者是只站在自己的角度思考。試著站在對方的立場，並檢視有沒有遺漏對方知道而我們未掌握到的資訊，以助於掌握全局，這在談判的時候尤其重要。

- **過度自信的盲點**　過度自信、忽略細節、未思考自己行為的間接影響、未避免可預測的意外等，也都是常犯的錯誤。書中最讓我警惕的一句話，是引述社會科學研究發現，「我們往往認為成功是內部因素，是自己做得對；而失敗是外部因素，是他人和外在環境所造成。」如果這樣想，就很難了解成功和失敗背後的真正原因，並獲得寶貴的經驗。大家基本上都面對同樣的資訊和大環境，但卻形成南轅北轍的判斷結果，要提高自己判斷的正確率，先從提升覺察力做起。

29

創意思考法百百種，重點是你用了沒？

「每個孩子都是藝術家。問題在於我們長大後如何保持藝術家身分。」
——巴勃羅．畢卡索（Pablo Picasso）

每個人都希望自己有創意，或是能夠在充滿創意的環境中工作。我過去一直以為創意是天生的，有創意的人就會源源不絕像是被雷打到一樣靈光乍現，而沒有創意的人即使腸枯思竭，也不會產生有趣的想法。

一直到後來參加學習課程才發現，原來有這麼多系統性的思考方式，可以幫助我們去發想，並整理自己的思緒，例如強迫聯想法，曾經幫軟銀的孫正義賺到人生第一桶金。他把許多無關的名詞寫在卡片上，不時隨機抽出幾張組合，看看能否激發新產品的創意。有一天他抽到了螢幕、鍵盤和字典，就讓他有了製造電子翻譯機的靈感，推出成功的商品。

除此之外，6－3－5腦力激盪法、逆向思考法、設計思考、SCAMPER奔馳法、曼陀羅思考法和矩陣排列法等，都可以分別運用在不同性質的時空環境和議題上。那是不是只要好好學習這些方法，每個人都可以產生創意？好像也不盡然。

後來慢慢發現，這些工具雖然能夠提供引導思考、記錄思緒的方法，但並非萬能，真要提出好創意，還需要內、外環境的搭配。內在環境指的是個人腦袋裡的資料庫，必須要有基本的存量，而且多方面吸收訊息，愈多愈好，在運用這些創意工具時，才容易觸類旁通，產生好的聯想，否則空有工具但缺乏實質內容，還是不能產生好的創意。

另外一個重點則是，學習了方法之後，要認真實踐練習。一次逛書局時，我受到書名吸引買了一本《為什麼聰明人都用方格筆記本？》，讀了以後發現，重點倒不在是否使用方格筆記本，而是不要把筆記本單純地只用來抄寫筆記，徒然只留下雜亂的紀錄，卻未化為有用的資訊。

書中建議要把筆記本分成三等分：事實、解釋、結論（或行動），為不同的功能留下適當的區塊。自己過去只做了第一階段的記錄，比較不能發揮事後消化思考，並留下重點的筆記。學到了新方法之後，知道該如何記錄，但還是要願意花時間進行後兩階段的深入思考，才能看到成效。

開放和鼓勵的環境，更能誘發創意

外在環境則是指工作環境對創意發揮的引導或限制。一個鼓勵創意的環境，在制度上必須有讓員工能夠提出創意的做法，在氛圍上必須有能夠容錯，甚至鼓勵犯錯的空間，只要這些過錯不是出於惡意或輕忽。面對同等資歷與能力的兩位應徵者，我會選擇過去因為創新而犯錯的人，因為他已經學習了寶貴的實戰經驗。賈伯斯曾說：「我是我所知，唯一在一年裡損失2.5億美元的人……，這對我的成長很有幫助。」

我常跟同仁聊到，不要因為自己的創意沒有被採納而感到灰心。實務上，十個創意有一、兩個被成功實踐，已經是很好的結果了。尤其在創意發想的初期，更需要被鼓勵，設法提出各種發散式的想法而不受限制。在會議中，主管往往問問題或請同仁提創意時都沒人反應，這時必須檢討過去自己用什麼態度去面對同仁提出的創意。鼓勵的態度，不一定就會得到積極的回答；但否定的態度，肯定會換得沉默的回應。

在評估一個創意的效果時，除了本身的吸引力之外，也要在實務上能夠執行，並且帶來正面效益，否則就會變成天馬行空的空談。創意不是天生的，但是需要在開放的態度和鼓勵的環境中，運用有效的思考方法去誘導產生。極富創意的廣告人李奧．貝納（Leo Burnett）認為，創意可以帶來更多生命力和樂趣，但願我們在工作中都能有這樣的感受。

30 多元角度思考，更能看到全局

「給我六個小時砍倒一棵樹，我會花前四個小時磨斧頭。」
——亞伯拉罕・林肯（Abraham Lincoln）

前面談到創意不一定是天生的。跟所有事情一樣，天生條件固然給了限制，但是後天的學習和鍛鍊，絕對有助於創意思考模式的進步。《你問對問題了嗎？》（*What's Your Problem?*）這本書就是一個絕佳的教材。

假設你管理一棟大樓，住戶反映電梯運作太慢了。通常解決問題的直覺反應，可能包括換新馬達、安裝新電梯、提升控梯的演算法等。這時我們可以暫停一下，先想想電梯是否真的運作得比較慢？跟什麼標準比？除了硬體的更新之外，有沒有其他方向的解決方法？

在電梯裡裝上鏡子，讓人在搭乘過程中看看自己、檢查儀容，感覺時間一下就過去了。在電梯裡外裝置乾洗手，或是放個螢幕播放有趣的短片，可能會讓多數不趕時間的人不會感覺等待太久。換個角度看問題，就會有不同的解決方案來處理相同的問題。原來是電梯太慢的問題，後來變成解決大家不願等待的議題。

我們用什麼框架去看問題，就會決定採取什麼解決方案。試著用不同的角度去看問題，就有可能找到更好的解決方法。

過去上創意課程的時候，我學習到許多系統性激發創意的方式，包括在開腦力激盪會議的時候，運用6－3－5腦力激盪法，以6個人為一組，每人發一張紙，在紙上為同一個主題寫下3個創意後把紙張往下傳遞，後續寫出的創意不能和紙上已有的重複，這樣循環5次後就能產生108個想法，再從中找出可以執行的創意。如此先發散後收斂的最大好處，是可以避免會議中只有少數人發言的狀況，讓所有人的創意與想法都有呈現的機會，而且愈到後面愈需要絞盡腦汁，才能想到不重複的點子。

訓練破框思考的能力

我們常說要「跳脫框架思考」，但是如何跳脫，實際上不是那麼容易做到。《你問對問題了嗎？》提出「重組問題框架」，系統性地先從理論再搭配商業及生活中的具體案例來討論，從國家貪腐、寵物領養、學生輟學到企業內部溝通及個人升遷等問題，讓讀者能夠在閱讀過程中，循序漸進地運用這些方法，訓練自己跳脫框架的能力。書中提供許多具體可行的建議，包括如何重新檢視問題、重新思考目標、檢視問題亮點、照鏡子自我檢視、尋求外部人士意見、以他人觀點思考、設計實地測試等，甚至還提供重新思考問題的檢核清單給讀者使用。

我們面對一個狀況時，首先要決定的是，真正的問題究竟是什麼？設法從直覺反應之外，找到不同角度的問題。問對問題，才有可能找到有效的解決方法。不管在工作中、生活中，能夠學會用更多元的角度看世界、想問題，就更有機會看到全局，從不同觀點做更周延的思考。

書中提到，有位主管熱愛自己的工作和公司，但無法和其上司相處。他沒有選擇自己丟履歷找工作，而是把上司介紹給獵人頭公司，結果幫上司找到了新工作，自己還接手了上司的位子。

幫助你問對問題的五個問句

我們往往習於從自己的角度出發，但是如果只局限在自我的視角看事情，容易造成溝通的困難，甚至擴大誤解並造成衝突。訓練自己跳脫框架的方式還有很多，像是哈佛教育學院院長詹姆斯·萊恩（James E. Ryan）從他在廣受歡迎的畢業典禮致詞中衍生的《人生思考題》（*Wait, What?*）一書就提到，「人生很重要的功課，就是要學習問對的問題。」

他提醒大家五個重要的問題，其中大多數與我們的人際溝通有關係。這五個問題分別是：「等等，您說什麼？」、「我想知道……？」、「至少，我們是不是能夠……？」、「我能夠幫什麼忙？」以及「真正重要的是什麼？」

- **「等等，您說什麼？」**提醒我們在驟下結論前，表達誠心溝通的意願，請對方再說一次，不用自己的假設去定義他人，有機會多了解別人的想法和觀點。有時候質疑或反對我們的人，可能只是需要更清楚的解釋，不要一下就跳到最糟糕的結論。
- **「我想知道……？」**讓我們維持好奇心，不斷探索學習新的事物，而不是對身邊的事情視而不見。
- **「至少，我們是不是能夠……？」**是在面對僵局時，設法找出基本共識。例如公司同事對某做法有不同意見，是否大家至少能夠同意雙方出發點都是為了公司好，然後試著展開對話來解決問題。
- **「我能夠幫什麼忙？」**可以避免自己主觀認為別人需要什麼樣的協助。這樣詢問不但讓對方覺得受到尊重，而且能夠幫到對方真正需要之處。
- **「真正重要的是什麼？」**不是著重在與他人溝通，而是讓自己誠實面對內心的答案。從答案中去區分重要和無關緊要的事，來決定生活中的優先順序。

這五個問句讓我們彼此了解、滿足好奇、建立共識、拉近人際關係並探索生命核心。我們可以在日常生活和工作中多提出這些問題，經常自我檢視下判斷時有沒有讓對方說清楚、有沒有保持好奇心、願不願意跟不同意見的人找到合作基礎、有沒有從別人的立場去幫忙，以及有沒有把時間花在自認真正重要的事物上。

不管在任何場合，因為意見、利益或立場不同所造成的衝突所在多有，通常是大家各持己見，僵持不下，不容易達成共識。如果都可以設身處地為對方想一下，用以上的五個問題來促進溝通，嘗試兼顧各方利益和看法，而不是以二元的思考方式進而變成對抗，才有機會走出不斷對立的循環。

31 沒有人能夠限制我們，除了自己

「邏輯會帶你從A到B，但想像力能帶你去任何地方。」
——阿爾伯特・愛因斯坦

如果有人大聲向外界宣告自己正過著「好得不像話的人生」，您會想像他是過著怎樣的生活呢？大概多數人的想像，會認為他應該是生活富足、工作順利、家庭美滿、身體健康。不過，很難想像說出這番話的人，卻是天生患有海豹肢症，沒有四肢，還曾因受不了別人的嘲笑而三度嘗試自殺的力克・胡哲（Nick Vujicic）。

力克・胡哲雖然沒有四肢，但是他能夠衝浪、潛水、跳傘、踢足球、溜滑板甚至打高爾夫球。二十一歲時，他以會計和財務規劃雙主修從大學畢業。跟一般人一樣，經過一番波折的戀情，他組成了美滿的家庭，也有了健康的小孩。更重要的是，他目前已經到過四十多個國家，講述超過兩千場的演講，激勵了數百萬的人心。我從閱讀他的人生故事中，體會到下列幾個重要的功課。

• **找到生命價值和生活的意義**　為了多和人們接觸，力克十六歲時，開始以小型演講會的方式分享他的生命故事。他赫然發現，他生命當中所有的掙扎和挫折，都大大地激勵了其他的「正常人」，原來他的演講可以幫助人。「要找到內在的快樂，不要只把焦點放在自己身上，要用自己的天賦去幫助他人創造更好的人生。」從此，分享他的人生經驗來幫助他人，就成為他生命的使命。這也是我們每個人都該學習的，在與他人的連結中，找到自己生命的價值，讓自己成為一個有益他人的人。

• **態度決定一切**　在面對突如其來的挫折時，多數人的反應是，「為什麼」發生在我身上？我們可以一直問「為什麼？」但重點在「怎麼做？」我們可以自怨自艾，也可以重整旗鼓；我們可以耽溺在過去的挫折，也可以積極營造明天的成功。**我們不能掌握發生在自己身上的事，但是可以全權決定要用什麼樣的態度面對自己的人生。**

- **永不放棄**　力克引用一句日本俗語：「跌倒七次，要爬起來八次。」大家看到力克做那麼多事情，可能以為他對日常生活早已駕輕就熟，其實不然。我看到影片上令人動容的畫面，光是放進DVD、打開電視、坐上沙發等簡單的動作，就必須花他很大的力氣和掙扎。而書中自述他為了練習用臉頰和下巴拋接手機，被打得鼻青臉腫。可以想像，當他去學習衝浪、潛水等對我們一般人都有難度的事時，是多麼困難的挑戰。但是熱愛生命的力克，選擇直接去面對，而不是逃避，以永不放棄的精神做到多數「正常人」還做不到的事。

- **看大不看小，看長不看短**　力克十三歲時，鼻頭上長了一顆很大的青春痘，長達八個月，讓他覺得很困擾。他後來領悟到，青春痘不會比他沒有四肢來得更引人矚目，接著就釋懷了。我們經常把事情看得太嚴重，應該要學習用較長遠的眼光，就不會太在意一時的輸贏，或是在小事上鑽牛角尖。事實上，很多當下覺得很嚴重的事，在三個月、一年或是三年後，可能已經無足輕重。回過頭來，反而會懊惱當下的執著。

你的限制在哪裡？是財力不足？背景不夠？能力有限？或是體力不濟？力克的生命經驗教導我們，**真正的限制，只存在我們的腦袋裡**。力克天生沒有手腳的這個「限制」，反而成為他的聲音可以被百萬人聽見的原因，進而激勵無數的人心。

轉念想想，我們還有什麼理由，讓自己和社會繼續「悶」下去呢？

32
凡事盡其在我、得失聽命

「我覺得他是偽裝成麥可．喬丹的上帝。」
——賴瑞．柏德（Larry Bird）

ESPN在疫情期間播出關於公牛王朝的紀錄片「最後一舞」（*The Last Dance*）。影片叫好又叫座，也引發了一波回顧飛人喬丹以及九〇年代籃球的風潮，對我個人來說，更是喚醒了許多珍貴記憶。

我是在一九九二年抵達芝加哥求學。對一個人生地不熟的留學生，融入當地最自然也最快的方式之一，就是透過對城市體育球隊的認同。我在到芝加哥之前，不打籃球也不看籃球，抵達時公牛隊和飛人喬丹已經連續兩年贏得NBA總冠軍，可以說是無處不在。記得當時只要在季後賽期間，街道上常是冷冷清清，大家都約在有最大尺寸電視的朋友家裡，訂外送比薩一起看球。這是辛苦的留學生涯中很珍貴的回憶，也第一次讓我體會到一個成功運動產業的產值及社會影響力。

球場就是人生。喬丹雖被譽為籃球之神，但是他的成功過程絕非一帆風順，甚至在高二甄選校隊時被刷掉過。以他的天賦，還是辛苦地花了七年時間才得到第一座冠軍。喬丹在這個過程中不斷地嘗試、失敗、再嘗試、再失敗，每一年的失敗都讓他離成功更近一點。在奪冠前一年，他被底特律活塞隊的「壞孩子」們擊倒後，整個暑假全隊不放假，都在球場訓練，並且增加肌肉準備更激烈地反擊。喬丹總是球隊練習時最認真的人，其他球員看到超級明星都如此投入，自己再不全力以赴的話，就不配繼續待在球隊。公牛隊練習時的強度，往往高過正式比賽，這也是為何喬丹身邊的隊員們都能夠持續進步的重要原因。以身作則的領導力，是他成功的關鍵要素之一。

真正的得失，要看遠不看近

此外，無人能及的好勝心，也是驅使喬丹不斷進步的動力。不只是籃球，喬丹在打撲克或是高爾夫球，也從來不願意輸。他在進NBA第二年時腳骨骨折，一直很想趕快復出。老闆和醫師都不建議，最後雙方妥協，用每半場只能打七分鐘的時間限制來保護他。球隊不知道的是，他在回來報到前，私下已經打了一段時間的練習賽。他不願意接受任何失敗，永遠相信自己能贏，而且會贏。這種個性讓他不好相處，甚至有一段時間被認為有嗜賭的問題，但也同時造就他的偉大。其他球員在天賦和體能上不一定落後於他，但喬丹強烈求勝的意志、在關鍵時刻的穩定表現，是和其他球員最大的區隔。

喬丹的傳奇，還在於公牛王朝落幕的完美劇本。因為當時球隊總管克勞斯（Jerry Krause）認為自己功勞被漠視又不受球員尊重，硬生生拆散這支冠軍球隊，讓喬丹的公牛王朝停留在第二次三連霸和最後一投的絕殺，寫下了歷史上最夢幻的謝幕劇本。

如果公牛隊當時沒有解散重建，而是後續被他隊淘汰才落幕，這個傳奇就打折扣了。

人生也是如此。當下的得失，事隔多年再回頭看，不一定是一樣的感受。凡事盡其在我、毀譽聽之於人、得失安之於數。喬丹絕非完人，他的個性、自我、不沾鍋以及嗜賭等缺點，都在紀錄片中忠實呈現，這些不完美讓我們看見更真實的喬丹，也從他的人生得到更全面的啟發。

33
聚焦負面因素，只會更糟

「萬物皆有裂痕，那是光進來的地方。」
——李歐納・柯恩（Leonard Cohen）

我在疫情期間應邀到某大學視訊演講，其中有一部分分享幾次職涯轉換的心路歷程，以及自己如何面對挫折的經驗。在提問時間，有位同學提出她因為剛出車禍，還在醫院住院中，真正體會到生命的脆弱和不確定性，但她現在心情卻是充滿感恩，希望我談一下對「無常」的看法。

我當時還真愣了一下，因為「無常」這個問題不太是大學生會提出來的。我當下想到的就是二〇二〇年我生日前一天，去河濱公園打壘球時不慎受傷，斷了六根肋骨和肩膀韌帶，生日當天在醫院動手術。當下真實感覺到人生無常，明天和意外不知道哪一個會先來。

無常才是人生的正常

我們常說「否極泰來」，泰卦和否卦在《易經》的卦象中互為反卦，在上卦序中，其實是泰卦在前而否卦在後，所以事實上是「泰極否來」。無論泰否哪一個先來，彼此的接續是不會斷的。**在順境中要隨時準備迎接挑戰，在逆境時也對未來情勢好轉有盼望。**無常才是人生的正常。

經過新冠疫情全球的肆虐，大家對無常的體驗又更深了。據估計，全球有7億多人染疫，近700萬人死亡，這還沒算進打疫苗引發後遺症去世的人。大家多少也都曾聽聞身邊親友變故的發生，有心理準備面對意外變局。

對我來說，不管處在什麼樣的環境中，自己的心態還是最重要的關鍵因素。我在打第三劑疫苗後不久，不知道是工作壓力、血壓沒控制好，還是打疫苗的後遺症，身體出現一些不舒服的狀況，幸好後來去檢查沒有什麼問題。在這個過程中，我發現自己心態的調整，對每天的工作生活和心情有滿大的影響。

腦袋裡一直專注在不舒服的徵兆上時，就更加重不舒服的感覺。該做的檢查做了，不再特別掛念那些感覺時，反而不舒服感就逐漸降低，最終消失。不只是身體狀況，工作、家庭生活各面向亦復如是。

當我們聚焦負面因素時，負面情緒就會被放大造成更負面的循環，對事情一點都沒有幫助。如果能夠聚焦在正面的思考，雖然不一定能解決問題，但絕對對我們的情緒和生活有很大助益。

我想起一則寓言。有位國王準備去打獵時，不小心弄斷了一截手指。沒想到在旁的丞相說這是好事，結果被國王關進牢房。丞相還是說，這也是好事。接著國王去打獵時，不幸被食人族抓到，其他人都被吃掉，唯獨國王被放走，因為食人族只吃形體完整的動物。後來丞相告訴國王，如果我沒有入監，一起被抓後我一定被吃掉。所以我入監、您斷指，都是好事。

前陣子我突然有個感觸，我現階段的人生還滿幸運又幸福的，不論在家庭、工作還是身體健康上，都處在一個還不錯的狀態。當然不知道這些正面的狀況能夠維持多久，但是**能夠知足感恩，現在的人生就是最好的人生。所有發生的事，都是好事。**

34
快樂，掌握在自己手裡

「你成為你所相信的樣子。你今天的生活位置基於你所有的信念。」
——歐普拉．溫弗蕾

公司過去在十週年系列活動中辦了一場演講，邀請到教授耶魯大學三百多年來最受歡迎的課程的桑托斯教授來台，跟大家分享如何快樂的科學方法。這場演講是收費的，門票收入全數捐贈給台灣脊柱裂守護協會，還是有一千多位聽眾擠滿會場，顯示這個主題很受到大家的關注。

桑托斯教授破題就談到耶魯學生在各方面多已經是天之驕子，前途無量，但實際上的生活充滿了壓力，並不快樂。以全美大學生來說，40％憂鬱到無法正常運作，61％感受到極大的焦慮，64％覺得孤單，87％自覺無力負荷所有該做的事，情況很糟。所以她才開始在耶魯大學開設探討「心理學和美好生活」的課程，有理論的部分，更重要的是實做的練習，真正運用方法增加自己的快樂感。她在演講中提供了這門課的十項重要發現：

1. 我們擁有比想像中更能控制是否快樂的能力。
2. 環境和遭遇並沒有想像中對我們生命有那麼大的影響力。
3. 你可以更快樂，但是需要每天付出努力來營造。
4. 你的腦袋對於什麼事情會讓自己快樂，是會騙人的。
5. 花時間做人際網絡聯繫。
6. 幫助別人，會給自己超乎預期的快樂。
7. 每天找時間感恩。
8. 健康生活的影響力也超乎預期。

9. 活在當下是最快樂的生活方式。
10. 追求時間的富裕，而非金錢的富裕。

由於篇幅限制，無法詳述每一個發現的重點。事實上，每一項在耶魯大學的課堂上，都是一週以上的課程內容，我嘗試分享聆聽演講和相關 Podcast 後的心得。

快樂並非獲得，而是可以創造

人們總是以為快樂是由先天性格決定，或是後天環境影響的。事實上，**快樂是可以努力創造的**。桑托斯教授在 Podcast 中舉了兩個真實案例，一位是中了三千一百萬美元的樂透得主，另一位是在戰爭中全身三分之二燒傷的軍人。數年後，前者離婚、陷入人生低潮和憂鬱，體重大幅減輕，然後自殺。後者成為激勵人心的演講者，擁有美滿家庭和快樂的生活。

我們常常想像，如果收入可以比現在多出30%、50%，甚至兩倍，應該就會快樂了，這是大腦有時會欺騙我們的地方。我們認為會讓我們快樂的事情，例如加薪、升遷、進入好大學，其效果都是短暫的。前述的樂透得主在自殺前曾經告訴財務顧問，「贏得樂透是發生在我一生中最糟糕的事。」很多人可能認為這是個案，「我如果中樂透絕對不會這樣」，其實這並非個案，而是有許多類似案例。

真正能持續的快樂來源，是我們如何看待生活，以及用什麼方式來過每一天。我們有選擇可以不要讓外在環境來決定我們的心情。活在當下、對他人懷抱感恩的心、建立人際互動關懷的網絡、過規律運動和充足睡眠的生活、充裕規劃時間等，都是需要刻意營造的項目。每天這樣做，就能慢慢提高自己的快樂程度。

桑托斯教授在網路上的課程已經有超過四十萬人選修，也做了前、後測的比較，證明這些方法確實有用。快樂，掌握在自己的手裡和心裡，這個看似淺顯的道理，還需要每天的努力實踐來達成。

35 煩心沒有用，不如做好眼前事

「知道生活意義的人，幾乎可以承受任何困境。」
——尼采

最近和朋友聊天，互相感慨整個大環境充滿了不確定性。從影響最大的氣候變遷開始，最近幾乎每個月都創下史上最熱的紀錄；然後是中美對抗，看來戰線還會持續拉長，不知道何時才能有一個較穩定的國際政治經貿環境；再來是兩岸關係的緊張，不但局勢本身發展就令人關注，對我所處的觀光產業也造成了一定程度的衝擊。

最後還有國內政經局勢，即使在選後，仍然充滿了對抗的氛圍，而且有愈演愈烈的趨勢，各方變化快速且劇烈，不管是黨內或政黨間的合縱連橫都是前所未見，也很難精準預測未來發展，真可謂家事、國事、天下事，事事煩心。

做自己命運的主宰

事實上，我知道煩心是沒有用的，改變不了任何事情，只是影響了情緒和生活。我有一個還不錯的習慣，對於任何事情，能操之在我的部分，就盡全力去做；不是自己有辦法控制的部分，就交給上帝，盡量不再空想讓自己心煩。這個道理知易行難，是我一貫努力的方向。

英國詩人威廉・亨利（William Ernest Henley）在十六歲時因為罹患肺結核而必須截肢，失去了左腳。後來為了保住右腳，必須多次動刀，他在病床上恢復的時候，寫下了一首感動人心的無題詩。詩中的最後兩句話：「我是我命運的主宰，我是我靈魂的統帥。」（I am the master of my fate, I am the captain of my soul.）被許多人在關鍵時刻引用，包括邱吉爾在國會的演說、曼德拉在監獄中對獄友的鼓舞、越戰中被俘美軍的相互打氣，以及翁山蘇姬描述她父親和盟友爭取自由的努力等。這首詩後來被命名為〈永不倒下〉（Invictus），來形容面對困難時不被擊倒，反而展現出自律和堅毅的態度精神。這個精神，也是我們面對逆境時必須學習的榜樣。

要能夠做自己的主宰，除了主觀上要有堅強的意志力之外，客觀上也要做出充分的準備。有一位在做人做事各方面都很成功、也很讓我敬佩的前輩曾跟我說過，他能夠完成很多事情，有75％是因為運氣很好。他特別強調，這麼說不是因為謙虛，而是事實。但我認為重點應該是，如果自己沒有做好那25％的努力和準備，運氣來的時候，也沒辦法做成什麼事。

面對大環境的變化，就算未來充滿挑戰，現在我們能夠做的，就是在自己的崗位上，盡力做到最好。我很喜歡這句廣告詞：「世界愈快，心，則慢。」與其跟著浮動不已的社會起舞，不如靜下心來，務實把眼前自己能掌握的事情一件、一件做好。

擔心氣候變遷，就以具體行動改變生活習慣，並盡一己之力影響他人，一起過更節能減碳的環保生活。產業環境挑戰嚴峻，就好好地打造自己特色來區隔市場，等待景氣恢復。打順風球的時候要有危機意識，面對逆境時也不要喪失鬥志。這些感想是給自己的鼓勵，也分享給憂心環境的朋友們參考。大家一起努力，黑暗終將過去。

36 點亮手上的小蠟燭

「找到自己的最好方法是投身於為他人服務中。」
——甘地（Mohandas Gandhi）

加州有一家叫湯姆（TOMS Shoes）的賣鞋公司，在二〇〇六年時由布雷克・麥考斯基（Blake Mycoskie）創立。他賣的鞋，老實說，外型或功能並不特別突出。讓它特別的是，每賣出一雙鞋，公司就會送一雙鞋給買不起鞋子的小孩。布雷克去阿根廷渡假時，發現很多小朋友沒有鞋子穿，不但有衛生感染的問題，也阻礙小朋友正常上學，當年就把自己一家公司賣掉的五十萬美元開始了這個「賣一捐一」

（One for one）的計畫幫助這些小朋友。目前為止，他們已經成功送出了超過一千萬雙鞋給超過六十個國家的孩童。我們從這樣一個成功的社會企業身上，有很多可以學習的地方。

- **正確價值觀**　做一件事，如果出發點的價值觀是正確的，就容易有爆發力和影響力。「給予」是湯姆鞋最核心的價值。換句話說，湯姆鞋賣的是價值觀，而不是鞋子。

- **創意行銷**　好的想法有很多，要能夠成功，創意和執行力就非常重要。湯姆鞋舉辦年度「一天不穿鞋」的活動，讓大家體會沒有鞋子穿的感受，不但吸引微軟（Microsoft）等大企業的贊助支持，也創造二十五萬人赤腳上班、上學、上街頭響應的風潮。當有人問參與者為何不穿鞋時，剛好可以介紹推廣送鞋的理念。美國電信龍頭AT&T也將湯姆鞋結合其商業廣告，不但彰顯了自己品牌助人的形象，也協助了湯姆鞋的曝光和銷售。

● **得道多助** 公司成立四個月後，布雷克在紐約機場看到一個穿著紅色湯姆鞋的少女，這是他第一次看到一個真正的外部顧客穿他的鞋，於是上前詢問少女這雙鞋是哪裡買的。這位少女一開始沒認出他，不但非常興奮地跟他說明買一送一的理念，還對他詳細介紹布雷克這個創辦人的故事。一個能夠激勵人心的理念，不但吸引消費者，還能把顧客轉化成最有熱情的推銷員，這也是現在網路時代病毒行銷最大的力量。好的理念不只受到個別消費者的支持，許多大企業也投入資源響應。

● **員工參與** 在湯姆鞋工作滿兩年的員工，會被安排到需要的國家親自送鞋給孩童。布雷克發現，到過第一線送鞋的員工，因為親身感受到助人的滿足感，回來後的工作熱情指數破表。企業讓員工在工作中找到利他元素成為工作激勵或內在動機，是一個不但善盡社會責任，又對生產力有幫助的雙贏做法。

● **永續做法** 布雷克常被問到，既然目的是做善事，為何不成立非營利組織，而要用營利的企業體？他回答，投入湯姆鞋的資金，可以立刻送出四萬雙鞋子，比成立公司首年只能送出一萬雙鞋確實要好很多。但是四萬雙鞋送完之後，就必須靠不確定的募款，也不知道能夠持續多久。但用一個可獲利的商業模式運作，迄今不但已經送出超過一千萬雙鞋，而且公司還在持續擴展中。這提醒我們，做好事不僅要有熱情，也要找到可以持續運作的模式。湯姆鞋已經擴展產品線到眼鏡，將營收的部分比例捐助給十個開發中國家，幫助了十五萬人改善眼疾及視力問題。

不是每個企業或團體都可以原封複製湯姆鞋的做法。但每一個人或團體，只要願意多用一點創意和熱情，都可以嘗試在自己的工作或生活中，找出利他的元素。這樣一來，不但每天可以激勵自己，也能夠幫助他人。與其每天抱怨社會黑暗，不如認真點亮自己手上的小蠟燭吧。

PART 3

品格決定你是誰

該如何守住一個人基本的價值，就看你如何做抉擇。

37
我們應該如何活著？

「我們每個人都必須決定，是要在創造性的利他主義之光中行走，
還是在毀滅性的自私自利之陰影中行走。」
——馬丁・路德・金恩

在當前個人主義至上的年代，追求個人成就、滿足個人欲望成為主流，但是諷刺的是，許多人在社群網路上外表光鮮亮麗，看似充滿自信，往往是隱含了對未來的焦慮和困惑。社會因為對自我太過執著，開始造成內部的分裂和疏離，成為在內部區分敵我的部落主義，讓社會持續處於憤怒模式中相互對抗。結果就是：自我愈膨脹，群體愈小。

對於人們內在的失衡，以及個人主義與社會群我之間的取

捨，大衛．布魯克斯曾寫過一本書《成為更好的你》，探討我們一生在履歷表和追悼文之間，如何做最好的選擇。其後著作《第二座山》則以人生可能攀爬的兩座山為比喻，繼續思考人生的態度和價值觀。

多數人一開始爬的第一座山，就是社會文化所設定的目標——名利雙收、生活幸福。在第一座山成功的人，不一定會感到滿足，或是因為發生各種意外，從山頂跌落谷底。有些人開始自暴自棄、憤世嫉俗，也有人因而擴張自己的境界，開始攀爬第二座山。

第二座山的重點不再是滿足自己，而是達成自身利益之外的使命。第二座山的焦點是從「獲取」到「貢獻」，投入自己的呼召，全心奉獻。書中列舉許多人物攀爬第二座山的歷程，非常精采。

不論幾歲，現在就可以攀爬「第二座山」

只有在爬第二座山的時候，才會發自內心感到喜樂。當一個人超越了自己的得失，投入了服務他人的行列，在其他人看起來可能過得很辛苦，但是當事人卻能甘之如飴，在其中找到莫大的使命感和喜樂，如同德蕾莎修女（Mater Teresia）一樣。登上第一座山的幸福，是建立在外在成功和物質之下，可能隨時失去；**攀爬第二座山的喜樂，則是發自內心的滿足，是一個人改變後的體悟，不會受外在環境的影響。**

林肯的故事是個典範。他在年輕的時候野心勃勃，追求名聲和權力。後來全心投身於維護美國聯邦的存續，小我就變得不重要了。他曾經帶著國務卿去拜訪麥克萊倫（George B. McClellan）將軍商討作戰策略。等了一個小時後將軍才回到家，半小時後管家告訴林肯總統，將軍已經就寢，請改天再來。林肯安撫和他同行的官員說，現在不是計較個人尊嚴的時候，能找到為聯邦而戰的將軍才是重點。這說明林肯的目的不是為了第一座山的作戰勝利，而是心繫美國聯邦的使命，他已經在爬第二座山了。

他對聯邦和國家的愛，遠高於對自己陣營的愛。在第二任就職演說中，所有的關鍵詞都是「我們」、「所有人」和「雙方」，而不是以北方勝利者自居。林肯沒有把奴隸制度說成南方的制度，而是美國的制度。「不對任何人懷恨，要對所有人寬容。」（With malice toward none; with charity for all.）國家的存續和團結，成為他每天奮鬥的動力與使命。

第二座山的重點不只是談個人的生命實踐，更重要的還在於社會群體將如何被影響。唯有多數人都願意建立以人際關係，而不是以個人為核心的生活理念，才能建構出一個把大家連結起來的社會網絡，帶給所有人更好的生活。不管攀爬哪一座山，關鍵問題是，**要為「為何活著」思考，為「如何活著」找到方向。**

38 譜出人生的漸強樂音

「凡殺不死我的，必使我更強大。」
——尼采

許多讀者都很熟悉《與成功有約》這本經典，書中介紹了高效能人士的七個習慣，並讓我們重新思考成功的定義為何。跳脫個人功成名就和物質追求的局限，在生活中尋求人生定位和維繫人際關係，並釐清人生目標來創造最大價值。隨時回頭來閱讀，都能有不同的收穫。

除了這本經典，史蒂芬・柯維還和他女兒辛希雅・柯維・海勒合著了《與成功有約最後一堂課》（*Live Life in Crescendo*），這是一本很特別的書，帶給我另一番不同的體悟。

史蒂芬・柯維在二〇〇八年發想與女兒合寫這本書，不幸於二〇一二年去世，此書最終在二〇二二年由辛希雅完成，英文書名「Live Life in Crescendo」，就點出了核心理念。對於有一定年齡或歷練的人，可能會覺得自己高峰已過，或是已然滿足於過去成就，甚至認為自己已經沒有太多可以發揮或貢獻之處。這本書告訴我們，生活態度是一個選擇，我們可以選擇上述心態，也可以反過來告訴自己，不管之前過得如何，更好的還在後面，用積極向上的心態面對未來的日子，如同英文書名的含意：譜出人生漸強的樂音。

常常檢視自己的目標和選擇

書中列舉許多不同類型人士的勵志故事，其中的一種類型是遭遇人生挫折時的選擇。史蒂芬妮・尼爾森（Stephanie Clark Nielson）和先生在墜機事件後嚴重燒傷，面臨龐大醫藥費和身體傷痛，她選擇以正面心態看待未來，跟外界分享其調適過程，成為很受歡迎的勵志講師和暢銷書作者，激勵了許多也遭遇重大挫折的人。

被冤獄關了二十八年的安東尼．雷．辛頓（Anthony Ray Hinton）在獲釋後說：「絕望是一種選擇，怨恨是一種選擇，憤怒是一種選擇，我還有各種選擇……，我可以選擇放棄或堅持下去。**希望是一種選擇，信心是一種選擇，善心是一種選擇，尤其愛也是一種選擇。**」他不但在獄中盡力幫助其他人，也選擇原諒那些起訴他的人，並投身於司法改革倡議，不斷擴展他的人生境界和影響力。

另一種類型則是在幫助他人中得到自我滿足。奧地利有位企業家拉貝德（Karl Rabeder）在過了長年的豪奢生活後，覺悟到自己是為了根本不需要或不想要的東西像奴隸般地工作，過著「可怕、無感、行屍走肉的五星級生活方式」。他賣掉幾乎所有財產住到小木屋，用三百萬英鎊成立微型貸款慈善組織，幫助許多小生意可以成立或存活。散盡家財卻無比欣喜，因為他找到了助人的意義。

一位參加葬禮的人對旁邊朋友說，你知道他留下多少嗎？朋友回答，我當然知道，他什麼也沒帶走。一生共捐出兩億六千萬美元來對抗失明的現代飛行訓練之父阿爾伯特．烏爾奇（Albert Ueltschi）說：「我從未見過靈車後面還拉著搬家的拖車，你帶不走的。」生命的意義和方向需要時時檢視。

年輕時就要找對方向，不要到生命終點才發現，一直以來攀爬的成功階梯居然靠錯牆壁。不管個人在事業上如何成功，到最後重要的是給予自己身邊人的時間、愛和關注是不是足夠。老布希總統夫人芭芭拉（Barbara Bush）提醒在接近生命終了時，沒有人會後悔未談成的生意，但會後悔沒有多一點與家人朋友相聚。

柯維一生鼓吹大家全方位檢視自己的生活目標，努力成為生理、心智、情感和心靈都達到平衡的人，雖不能至，心嚮往之。

39

成為怎樣的人，比做什麼工作更重要

「人生的意義不在於單純地生存，而在於為他人生活做出貢獻。」
——海倫．凱勒（Helen Keller）

之前去觀賞了電影「聽見歌再唱」，劇情是根據馬彼得校長真人故事改編，描述他如何帶領即將被廢校的原住民小學生，透過成立合唱團來翻轉命運，非常令人感動。

即使對他們不熟悉，你也可能看過齊柏林導演拍攝的「看見台灣」紀錄片中，一群孩子們在玉山山峰上演唱〈拍手歌〉的經典畫面。馬校長成立「原聲童聲合唱團」，希望孩子們透過合唱得到肯定，從肯定中建立信心，在信心中展現能力。合唱的訓練，培養的是態度和團隊精神，裝備孩子們面對未來的挑戰。

我更為熟悉的，則是南投仁愛鄉「親愛愛樂」的故事。王子建和陳珮文兩位老師成立弦樂團，將自己完全奉獻給孩子們的音樂培育工作。負債千萬去買透天厝讓幾十位孩子可以吃住排練，有時一天還要開車六百公里，從早到晚接送練琴。西方樂器與孩子們在東方部落相遇，譜出了動人的音符和生活樂章。親愛愛樂團隊在維也納國際青少年音樂節得到冠軍，許多學生也因為與音樂相遇，開展了新的生命。

不是自己富足了，才開始給予

他們做的事有幾個共同點。一是開始困難重重、資源缺乏，只能關關難過關關過。其次是開始做的時候就不求回報，只是源於一個幫助身邊人的初衷。雖然他們教的都是音樂，但孩子們學到的則是人生態度。

我相信他們在過程中面對的挫折和挑戰，絕對超乎我們想像，我更相信如同《牧羊少年奇幻之旅》（*El Alquimista*）書中所言：「當你真心渴望某種東西時，整個宇宙都會聯合起來幫助你完成。」看到一群孩子的人生，因為這些老師的帶領而擴張到不同的境界，真是為孩子們開心，也敬佩老師的付出。

感佩之外，我也自慚形穢。相較之下，自己做過的事裡，絕大多數都是從自我的利益出發，利己的多，助人的少。自知做不到這些典範的萬分之一，但希望跟隨他們的正面示範逐漸調整改變。其實想想，一輩子能夠影響幫助他人，就是為自己的人生賦予意義，也是生命最大的福分。這幾位教育工作者以無私無我的大愛，把自己奉獻給孩子們，應該要讓社會上更多人知道，產生更大的激勵力量。

在閱讀韓第的書《你是誰，比你做什麼更重要》時，就有深深的體悟。社會上常見的，是以工作職銜、財富、地位或名聲來定義一個人，不是說這些不重要，但是更重要的是，我們是什麼樣的人，比我們做什麼工作更重要。畢竟在參加告別式的時候，沒有人會在意逝者生前的名利地位，想到的都是逝者曾經與自己互動的點點滴滴，以及對他人生命的影響。

原聲童聲合唱團在「看見台灣」的演出本來是無償演唱，但齊導演還是自己私下刷卡捐錢給合唱團。合唱團知道後，又設法請贊助人捐回更多錢給齊導演拍片。王子建老師說：「要用自己的人生去換他們的人生。」他們真是一群始終想著如何幫助他人的天使，讓我們看到「施比受更有福」這句話的具體實踐。大家都可以想想，有一天自己不在了，有多少人會真心想念我們，或許是一個衡量自己所做事情，有沒有帶來正面影響力的指標。

40

關懷與人性，才能觸動心弦

「不要以收成來評斷每天的好壞，

而要以你每天撒下的種子來判斷。」

——羅伯特．史蒂文生（Robert Louis Stevenson）

最近跟一位在學術圈從事教學研究工作的大學學長聊天，雙方回憶起求學時代令人印象深刻的師長。像是曾經有一位老師上課時，自己不真正教學，指定一本英文教科書當教材，上課時拿起點名單，隨機請一位同學唸一段英文，再點另一位同學翻譯成中文，一年下來大家幾乎學不到什麼內容。

自己當了老師之後，覺得絕不應該讓學生畢業後回想，覺得自己沒有學到東西，所以不但堂堂點名，還每章小考，以免學生期中考一次累積太多，就乾脆放棄準備，也感謝同學們沒有因為嚴格要求而給我不好的教學評鑑。

有價值的事不見得有效率

幸好，求學生涯中不認真的老師是極少數個案，真正在多年之後令人懷念的師長，是那些學而不厭、誨人不倦的人師。

在美國念研究所的時候，一位教統計和美國政治的資深教授肯尼斯・詹達（Kenneth Janda），雖然教了一輩子的書，但還是可以在他身上感受到教學熱情，彷彿是第一年當教師一樣。我的博士論文指導教授班・佩奇（Ben Page），本身已經是民意與選舉研究領域的大師，審閱我的論文初稿時，不厭其煩地把一個外國學生犯的文法錯誤一一訂正。

另外一位是我跨領域學習的經濟學大師羅傑・梅爾森（Roger Myerson），他知道我的數學基礎不夠好，每週撥出固定時間一對一輔導我，以協助我趕上在經濟系博士班修習的賽局理論課程進度。至於他的學術成就呢？他在二〇〇七年獲得諾貝爾經濟學獎。這些師長的共同點，就是願意花時間在學生身上，不只做經師，更是做人師。

回想求學過程，我感到很慚愧。我受了這麼好的身教，卻沒能把這個精神實際運用在自己的教學和工作生涯中。我一直是一個講求時間效率且經常同時多工的人。長期以來，腦袋裡好像有一台計算機，持續評估如何分配時間並用最短時間完成，發揮最大的工作效益。跟以前學生和現在同仁的互動，也都是在最少時間、最高效率的原則下進行。一直到跟學長聊到這段回憶，才驚覺人生最重要的不一定是效率，而是人性與關懷。我真心跟過去沒有花足夠時間陪伴的學生和同仁們致歉，只是往者已矣，只能在未來盡力改進。

對我的老師們而言，花時間去改外國學生的文法錯誤，或是特別輔導數學基礎不夠好的學生，絕對不是在他們的學術生涯中，運用寶貴時間最有效率的做法。但是他們基於敬業及對學生的愛心，願意如此做，也讓這位學生在二十多年後銘記在心。

我們往往在追求效率的過程中，忽略了關懷與人性才是最能夠觸動人心弦、改變人生命的重要因素。要做到關懷，最不可或缺的要素就是時間。我們都關心自己的家人親友和同事，但卻把時間花在其他的事物上，以為家人親友永遠都會在那裡，等到我們有時間時，再去陪伴他們，但總是有下一件更緊急的事，需要我們更有效率地先去完成。現在就放下手邊正在進行的事，給家人一個擁抱，或撥通電話關心一下久違的親友吧。

41

看見一位「完整的人」

「生命中最持久的和最迫切的問題是：你為別人做了什麼？」
——馬丁．路德．金恩

有一本書《教練》（*Trillion Dollar Coach*）介紹了一位很有啟發性的典範人物，他可不是一般的教練，而是許多矽谷獨角獸公司領導人的教練，不管是蘋果公司（Apple）的賈伯斯、谷歌（Google）創辦人布林（Sergey Brin）和佩吉（Larry Page），或是臉書（Facebook）、eBay和推特（Twitter）的執行長、史丹佛與哥倫比亞大學的校長，都是他的親密學徒，遇到人生或是事業上的困境時，都會尋求他的導引，他的名字是比爾・坎貝爾（Bill Campbell）。

比爾教練真的是位大學球員出身的美式足球教練，年近四十才跨入商界，很快就在蘋果嶄露頭角，擔任銷售副總裁。後來接任了Claris、GO和財捷（Intuit）等公司的執行長，在二〇〇〇年卸任後，受邀擔任顧問，開始了傳奇的矽谷教練生涯。

在他去世後，谷歌的前執行長施密特（Eric Schmidt）和兩位同事，決定要把比爾教練的管理智慧和領導哲學做一個系統性的整理，讓更多人受惠（很高興我也是其中一位）。書中影響的人物之多，令人印象深刻。我最敬佩的，不只是他的管理哲學，而是他的生活態度和待人接物方式。

心態決定我們成為怎樣的人

首先，管理公司的卓越營運能力固然重要，但是領導公司的能力如果被限縮到只剩下營運能力時，就會扼殺一個更重要的元素：願景。

一個運作順暢、有效率的公司，很可能只在原地踏步，甚至被時代淘汰。唯有對宏觀局勢和經營方向有獨特看法，才能開創一番局面。其次，一位惠普（HP）的主管說他從教練身上學到最重要的一課，就是要以團隊而不是個人的身分獲勝，並贏的合乎道德。當人們在團隊中不再計較個人得失，才有可能達成非凡的成就。

最後也是最重要的一點，就是比爾教練對人真誠，真心地關心周遭的人，不吝惜表現出來，且永遠為朋友挪出時間。所有朋友都能直接感受到他的愛心和關懷。**教練眼中看到的不只是一位專業人士，而是一個完整的人。**比爾不只是禮貌性地問候同事並關心家人，而是深入地了解同事的家庭生活並提供建議，甚至給予實質的協助。這種發自真心的關懷，是凝聚團隊的強大因素。

這三點我自己反省起來，都有極大的改進空間：擘劃願景的能力不足、個人得失心太重、對同事朋友也缺乏深層的關懷。讀到比爾教練的實際案例時，著實汗顏。

我又從比爾身上聯想到過去思考過的一個觀念，如何做領導，以及為何做領導？

世界上教人如何做好管理職務的知識很多，從有效開會、面試育才和追蹤執行等，都有許多方法可以學習。但是學習不來的是當領導者的心態。我們為什麼要做一個領導者？是為了更高的薪資、更大的名聲、更多的權力和掌聲？還是以能夠服務他人，讓社會更好為出發點？這個心態的差異，會決定我們成為什麼樣的領導者，且其影響比任何看得見的能力更重要。

比爾擔任企業教練時，通常不領酬勞。他說自己**衡量影響力的方式，不是計算賺了多少錢，而是數一數有多少人因為他的協助成為優秀的領導者。**他的喪禮有好幾千人出席，且許多人視教練為最好的朋友，再沒有任何成功指標比這個更動人了。

42
有可能既虛懷若谷又充滿自信嗎？

「真正的領袖總是謙虛而不自卑，自信而不傲慢。」
——曼德拉

曾經讀過幾位成功領導人的自傳，發現他們有個共同特質，就是又謙卑又自信。

一位好的領導人往往能夠同時具備這兩個本質上看來矛盾的特質。帶領百年紙廠金百利克拉克（Kimberly-Clark）轉型為生產消費性產品舒潔（Kleenex）的前執行長達爾文・史密斯（Darwin Smith），用堅強的意志力，一邊治療癌症，一邊帶領公司轉型，但是對外從不居功，不談自己，是例一。

《華盛頓郵報》的發行人凱・葛蘭姆（Katharine Graham）力抗政府壓力，揭發國防部機密文件和水門案，但後來被問到成功原因時，不斷提到運氣，也把功勞歸給他人，為例二。林肯虛懷若谷，但他意志堅定、目標遠大，為例三。

自信與謙卑並不衝突，反而相輔相成

這種「既謙卑又自信」的特質是怎麼來的？我很喜歡的一本書《這一生，你想留下什麼？》（*Leading Matters*）就深入闡述這種特質。作者約翰・漢尼斯（John L. Hennessy）在史丹佛大學擔任了十六年的校長，在擔任教職的長休假期間也同時成功創業，目前擔任谷歌母公司 Alphabet 的董事長。他以長期擔任機構領導人的經驗，寫下這本書跟讀者分享他的領導哲學，由於他的經驗和觀點涵蓋了學術行政和商業管理兩個迥然不同的領域，我讀來覺得格外受用。

作者認為，**真正的自信來自於真實地了解自己的能力和個性，同時看到自己的優**

點和缺點，才不會變成只看到優點的傲慢。真正了解自己之後，才能謙卑地看到自己的弱點，然後設法補強。如此，自信讓我們謙卑，謙卑讓我們產生自信。作者也承認自己雖然性格謙遜，但內心卻是好勝又有野心，但重點是要為他人和團體的利益而努力，把野心放在有所作為，發揮正面影響力，讓社會變得更好。

書中引述曼德拉的一句話：「慶祝勝利或是有好事發生時，我們最好站在後面，讓別人在前面。但要是碰到危險，我們則必須站在最前面。如此，人們才會欣賞你的領導力。」這個要求很違反人的天性，但是要做一個好的領導人，要有肩膀扛起責任，要有度量分享榮耀。領導，其實也就是服務。

他在書中強調的成功領導重點大致可以分成兩個部分，一個部分在於原則：謙卑、真誠、服務與同理心，另一個部分在於方法：協作、創新、好奇心與說故事。原則和方法，則是以勇氣來加以貫穿結合。當中的每一項特質，都有真實的精采故事做為案例。

漢尼斯誠實分享了他創建美普斯科技公司（MIPS）時面對的挫折，擔任校長時在史丹佛推動紐約校區計畫失敗等經驗。失敗並不可怕，只要不被擊倒，從中學習教訓並盡快復原。他指出，一個好領導人對失敗的了解，往往比對自己的成功原因還要來得透澈，例如艾森豪（Dwight David Eisenhower）在諾曼第登陸前夕就已經先寫好了失敗聲明。從很多的例子裡我們可以看到作者並不是在打高空，而是確實實踐了這些原則。

一個人到了愈高的領導職務，事實和數據變得愈不重要。領導人的責任反而變成要突破事實和數據的限制，為複雜的問題找解決方法，並思考各種方法，來創造普遍認為不可能的願景。在心態上，不要太刻意在意能留下什麼，否則反而患得患失，什麼都不敢做。只要盡自己的能力，對世界產生正面影響力，就是最好的人生策略。

43

正面肯定創造正向循環

「幸福不是擁有，而是分享。」
——史懷哲（Albert Schweitzer）

曾經讀過一篇商業研究報告指出，正面評價的調查更為有效。多數的調查問卷，出發點是想讓不滿意的客人有機會提出意見，好讓商家可以傾聽改進。有學者十年前開始思考感謝的力量，想要探索如果不只是問顧客覺得哪裡做得不好，而是改問哪裡做得好，會有什麼影響？結果發現，當問卷開始詢問顧客的正面感受時，客人的滿意度、回流率、消費額和忠誠度都隨著時間提升。

因為記憶有可塑性，讓顧客想起正向的體驗過程，更容易提高對該品牌的評價，進入「我們讚美我們喜歡的事物，我們喜歡我們讚美的事物」之正向循環。

當然這種做法也受到部分批評，認為這是在操控顧客，不過問題的本質還是在於扎實的服務。如果一家公司在基本面的整體表現水準太差，靠這樣的操作，不但不會有正面效應，還可能造成反效果。企業應該要把這種溝通技巧看為建立顧客關係，而非操控顧客的工具。畢竟，操弄就算僥倖成功，也是一時的，扎扎實實地提升體質，才是永續經營之道。

另一方面，這種正向鼓勵也讓員工受到激勵，員工不會一直都在接收顧客的批評，久而久之將顧客放在對立面，喪失了服務的熱情。這個效果也是讓我最有感觸的。整體來說，服務業的客人滿意的比例遠大於不滿意的，但是從業人員經常要花大量時間來處理面對的，往往是極少數很不滿意的客人。不是說這些客訴不重要，單單一個案例經常可以引導公司做出重要的改善，但是也要考量所花費時間精神的比例，以及對整體士氣的影響。

讓善意傳遞下去不只是在商業上，其實在政界、教育界、醫界及所有與人互動有關的行業都是一樣，遇到負面的狀況要適度合理表達，理直氣婉。除此之外，大家如果能夠多多表達正面的肯定，不管是人民對政府、學生對老師、病患對醫師，都能創造好的循環。

讓美好傳遞下去

我觀察許多服務業從業人員會選擇這個行業，並且能夠發光發亮的人，都具備熱情開放的特質，看到客人一個滿意的微笑、一句感謝或鼓勵的話語，或是一張小小的卡片，都會讓同仁忘記過程的所有辛苦，感到無比的快樂與成就感。

在一八八〇年的美國費城，一位擠不進小教會會堂的小女孩，在牧師幫助下勉強進去了，牧師告訴她未來如果有足夠經費時，可以蓋一座更大的教堂，好讓大家都可以聚會。小女孩開始默默幫教會存錢，然而不久之後她不幸去世，家人把她存下來的

57美分交給牧師，沒想到這個故事成了激勵眾人合力齊一奉獻心力的星星之火，在五年後蓋成了可以容納三千多人的天普浸信會教堂（The Baptist Temple），到現在都可以看到這位小女生海蒂·懷爾特（Hattie May Wiatt）的畫像，掛在主日學大樓裡。

愛心和仇恨有一個共同點，就是它們都具有傳染性。我們希望我們的社會成為什麼樣的社會？下一代具備什麼樣的價值觀？生活在什麼樣的環境？就從自己每天的言行開始做起。一個正向的行為，會引發更多正向行為的呼應。

44

你希望如何被對待？

「感恩是高尚靈魂的標誌。」
——伊索（Aesop）

有一則新聞報導提到台鐵每天服務六十多萬客人，客服中心每天電話有上萬通，但客訴的消費者在電話裡的尊重比以前更少了，最常聽到的五句話是「叫你們主管來」、「我要找媒體／交通部投訴」、「我跟你們局長是好朋友」、「講也沒用，你們都不會改」以及「記下來就好，不要解釋那麼多」。從數量來看，客訴電話占四成，讚美的電話約百分之二，相差二十倍。在台灣從事服務業的朋友們，對這樣的描述應該不陌生，這也不是台鐵單獨面對的生態環境。

身在服務業，二〇一六年我到義大利出差，籌備在羅馬開幕的飯店時格外有感觸。由於是全新品牌，加上我們推出異於市場的新形式產品，能否被當地消費者接受，格外需要留意觀察客人的反應，意外發現了與台灣不太一樣的消費文化。來羅馬飯店住宿的客人，當然不會沒有抱怨，誠實地說，尤其對當時一家全新的飯店來說，我們有許多軟硬體都需要持續改進，但是我們卻被客人的反應深深感動。

住宿旅客多來自歐洲，以義大利、德國、法國、英國和瑞士等國籍最多，我們收到的回饋多為讚美和鼓勵。以大家都看得到的國際旅遊評論網站貓途鷹（Trip Advisor）為例，客人在表達希望我們改善缺失的同時，常常都很貼心地加上一句「因為剛剛開幕，所以……」其實我們做得不夠好的地方，剛開幕並不是理由，但是客人卻貼心地為我們著想，反而給我們更大的動機要努力做得更快、更好，義大利同事每天都會在群組中分享這些鼓勵和評論。批評當然是進步的動力之一，但是過度的批評也可能使人喪失自信和動力。

推己及人的美德

過去有一篇網路上流傳的〈一位空服員的告白〉文章，分享了服務過程中與台灣客人互動的經過，其實跟台鐵，以及我在飯店業看到的狀況相去不遠。少數的消費者會抱著高人一等的態度，不尊重服務業人員的程序和辛苦而做出要求，當要求無法達到時，抱怨、客訴、爆料就成為報復的工具，服務業基於客人至上的理念，往往也想息事寧人，就不完全依照道理來處理，讓部分客人予取予求，養成習慣。

其實每位在服務業工作的人，同時也都是消費者。消費者欺負店家，或是店家欺負消費者，都有可能發生，要看每一個個案的情形而定。雙方以約定價格買賣產品和服務，並不表示一方可以踐踏另外一方的尊嚴，彼此尊重和體諒才是雙贏之道。我很喜歡麗思卡爾頓酒店（The Ritz-Carlton）的座右銘：「我們是一群服務淑女紳士的淑女紳士。」（We are ladies and gentlemen serving ladies and gentlemen.）這句話一方面把雙方放在平等的位置上，另一方面也暗示客人言行也應該要符合淑女紳士的標準。

再擴大一點來說，不只是消費文化要彼此尊重體諒，政治和社會文化又何嘗不是如此？看著現在許多新聞事件，過去的批評者坐上了執政者的位置，才慢慢了解許多事情並非從外面看得如此容易，同理心真的很重要。台灣過去的一言堂，只能歌功頌德，現在沒有限制了，但卻負面聲音當道。

一個社會如果充滿著彼此抱怨的怒氣，是大家的共業。希望我們都能在面對事情的時候，不要認為是理所當然且應該的，多用感恩的態度看世界，且不吝於鼓勵讚美。不管是在生活上提供消費服務的商家，或是在颱風夜還在幫忙維持水電交通的公僕，都以自己工作時希望被對待的態度去待人。西方的金科玉律說得好：「希望如何被對待，就如何對待人。」

45

值得追求的雙贏境界

「如果你有夢想，你就能做到。」
——華特．迪士尼（Walt Disney）

大年初五是國人迎財神的日子，多年前我工作飯店的同仁決定一起為客人完成他們的心願。當天入住的客人，多了一個向財神爺領取房卡的程序，並且被邀請許下一個心願。各種心願包羅萬象，有小朋友要洗街車、吉他、當公主，也有大朋友要大電視、iPad和iPhone，還有香港情侶來台灣拍婚紗照，許願要買戒指。不管許什麼願，財神都送個小紅包，祝您心想事成。房客們都以為是過年討個吉利，殊不知所有的心願都已經被記錄下來，分批採購，讓夢想實現。

晚上九點，房客被邀請到宴會廳吃宵夜並參加抽獎活動。到了現場，看到大大小小包裝好的禮品，都寫上了房號。打開之後，發現原來自己許的新年願望已經在包裝好的禮物盒時，幾乎都是不可置信、又驚又喜。而忙碌一整天的同仁則告訴我，看到客人表情的一剎那，他覺得一切辛苦都是值得的。這個創意發想靈感來自國外航空公司的先例，但是要在不同的場景實現，還是有很多困難需要克服。

以每一天的努力，創造顧客一生的回憶

當天有趣的花絮很多。有位小朋友堅持要洗街車，說什麼也不要消防車，是當天最難買到的項目。一位客人要吃「醉鮑魚」，但那家餐廳當天沒有營業，只好先送盒鳳梨酥加醉鮑魚照片，等到隔天早上再趕緊去買一盒十八顆裝的醉鮑魚。也有拿到戒指的男方，在同仁的起鬨下當場下跪求婚，雙方擁吻的畫面，是當天最浪漫的橋段。

這些過程對所有參與籌備的同仁和拿到禮物的房客來說，都是一生難忘的回憶。

參與這個活動讓我體會到，固然這個活動是以服務客人為主要目的，但在執行過程中，所有參與人員向心力的凝聚，反而是一個意外的收穫。大家為了共同的目標努力，全力達成任務，事後還有同仁來信表達她感到無比光榮。我想，每一個團體，應該也都需要這樣一個建立團隊精神的過程，小如企業，大至國家，都需要有共同的目標來激勵團隊精神。

另外，這也讓我更深入體會服務業的真諦。從事服務業的人，雖然工作很辛苦，但是心理上的回饋卻很高。仔細想想，來消費的客人們，可能是家庭聚餐、朋友聚會、旅行、結婚、慶生，或是慶祝各種紀念日等，每位客人的背後都有一個正在進行的故事，等待我們協助完成。所以我們工作的本質絕對不是端盤子或是倒水，而是以主人的身分，歡迎客人們來到我們的家中，創造他們重要的人生回憶。能夠這樣認知和定位，原本的服務者就成為客人的圓夢者（dreamaker），這不正是全世界最棒的工作嗎？另一方面，公司也要成為員工的圓夢者，做同仁在工作中成就自我的舞台。

要讓同仁都體會到這樣的定位和態度，內部工作氛圍的改善是必要的。如果第一線的服務人員心理不快樂，或是對工作環境不認同，絕對沒有辦法扮演稱職的主人角色。一方面公司內部的制度和工作環境要持續改善，另一方面也需要客人適度的尊重。「顧客永遠是對的」這句話，固然反應了服務業該有的態度，但是極少數客人超出尺度的要求和辱罵，也會使得服務業從業人員身心及士氣受創，這時企業就應該要維護員工的尊嚴，以期達到客人和同仁雙贏的局面。

麗思卡爾頓酒店的座右銘：「我們是一群服務淑女紳士的淑女紳士。」就是一個值得追求的雙贏境界。服務業最迷人之處，正是「以每一天的努力，創造客人一輩子的回憶」。

46

理直氣壯是起碼的標準

「民主的力量在於其公民的積極參與。」

——詹姆斯・布賴斯（James Bryce）

「台灣最美麗的風景是人」，這句話曾經讓我們多麼地驕傲。台灣人的禮貌、熱情、善良和友善，讓許多觀光客津津樂道，我們也為自己的國民素質和文化底蘊深感光榮。但是有些事件引發的現象，例如之前的餿水油事件，卻又讓我們驚覺這條通往富而好禮社會的路途，還有很長的一段路要繼續努力。

輿論對於極少數的黑心商人和產品的問題已經討論很多，這些商人的無良行為絕對應該受到最嚴厲的法律和道德制裁，無須贅言。但當不知情的商家在商品中誤用餿水油而提供退費服務時，有相當數量民眾的行為與態度令人心驚。據報導有些貪小便宜的客人，把發票和商品分開退兩次錢，甚至還有人拿一個商家的塑膠袋，就要求退三千元。這些作為糟蹋了店家的負責和善意，也讓自己跟黑心商人為貪圖利益而造假的行為淪為相同本質。

消費者買到劣質商品，還要花時間去退款，心情不舒服可以理解，但是遷怒到也是受害者且願意負責任的店家，甚至是基層店員，真的不應該。還有客人不只態度惡劣，甚至要求店員當場吃掉退貨，遠遠超過了一個消費者應該主張的權益範圍，這種缺乏對人的基本尊重，是當前社會很大的問題。

建立更有素質的社會

理直氣婉，是一個文明社會的表徵，如果做不到，理直氣壯是起碼的標準。但我們的社會有太多「理不直而氣盛」的事情存在。對事物的來龍去脈不清楚，加上多是用直覺去反應評論，造成了民粹風行。這個風潮始自政壇，政治人物齜牙咧嘴、口出惡言，不管說的話有沒有根據，愈大聲、愈激動、愈粗鄙，在選民面前就好像愈有道理。這個風氣開始蔓延到各個領域，大家逐漸喪失了同理心以及對專業的尊重，殊不知這個共業最後需要共同面對承擔。

日前一位醫師跟我談起執業的難處，舉了一個讓我印象深刻的例子。假設有一種疾病，動手術的存活率是百分之五十，藥物治療的存活率是百分之十，從專業上看，應該會建議動手術，但在實務上，醫師多會傾向藥物治療。原因很簡單，動手術致死的百分之五十，有一定的比例會被提告，但是藥物治療無效致死的百分之九十，則不會被告。這樣的結果對病患其實極其不利，但「民意」卻會造成反方向的集體壓力。

這個現象當然不是台灣獨有。記得過去有義大利同事跟我分享，選舉時曾經有政治人物為了表達跟廣大人民站在一起，實施遊艇稅的徵收。政治人物得到選票，民眾對富人的不滿也得到宣洩，似乎是雙贏的局面。結果一夕之間，港口的遊艇都移到了鄰國，不但稅沒有徵到，原來港口的停泊和觀光餐飲等消費都連帶泡湯。許多公共政策的利弊都是多面向又互相連動，需要冷靜的態度和理智的邏輯去分析。

歐巴馬夫婦黨代表大會演講

我很喜歡聆聽精采的演講，不論主題是政治、商業或是其他領域。二〇二四年八月十九日於芝加哥舉行的民主黨代表大會（DNC），其中歐巴馬夫婦的演說最讓我印象深刻。

通常在這樣的場合裡，攻擊對手的語言都會得到很大的掌聲和迴響，罵的用詞愈直白，台下聽眾情緒愈激昂。難得的是，歐巴馬（Barack Obama）在批評川普（Donald John Trump）的部分，用詞相對溫和並集中在政策的差異。他甚至花了一段相當長的時間來闡述他心目中理想的民主政治。

他在演說中提到，民主不是書中的抽象原則和法律條文，而是我們生活的價值觀和待人接物的方式，包括那些外貌跟我們不同，祈禱方式跟我們不同，或是世界觀跟我們不同的人。蜜雪兒・歐巴馬（Michelle Obama）從懷念媽媽談到對努力工作、謙遜和正派等道德和價值觀的重視。如果周遭的人都溺水了，自己的孩子也無法茁壯，所以她擔任志工、照顧他人、愛護鄰居、推己及人。我們必須成為解決方案，做為黑暗和分裂的解藥，是以正面價值觀來團結國家，號召選民支持。

現今政治變得如此兩極化，政治光譜不同的人立刻就認定另一邊的人最壞的一面。我們逐漸覺得唯一獲勝的方法就是朝對方謾罵、羞辱、大吼，這樣的影響就是民眾變得漠不關心或不願投票。

真正愛台灣，就不要以言行撕裂族群，在內部區分敵我。就像所羅門王判斷誰是嬰兒真正的母親一樣，愛嬰兒的母親寧願自己委屈犧牲，也不願看到孩子受傷害。天天在內部分化的人，著眼的還是自己的政治利益，代價卻是台灣的團結和前途。

這就是為何歐巴馬的演講讓我眼睛一亮。批評分化容易，掌聲又大。他最後還刻意引述對手政黨共和黨籍前總統林肯在南北戰爭前夕所呼籲的「感情紐帶」，希望喚醒美國「本性良善天使」的那一面，回到共同努力，相互關照的美國。

我也好希望有一天能夠看到台灣有政治領袖在自己的造勢場合上，不只有對政敵的質疑，還能夠呼籲支持者**自省、包容並尊重不同的認同，回到共同努力、相互關照的台灣**，如同蜜雪兒演講裡所說的：「不要坐在那裡抱怨，去做些什麼。」

台灣要能繼續發展提升，需要社會有更多理性的思考和態度，並且重建人際之間的信任和尊重，同理心更是社會與人際關係和諧的關鍵因素。尤其服務業不管在經濟產值和工作機會的提升上，對台灣的貢獻及影響愈來愈大之際，如何真正落實讓台灣人成為最美的風景，實在是我們最核心的競爭力，以及當前最重要的課題。人的素質對了，其他問題都會迎刃而解，不管在政治或是企業經營上，都是最重要的關鍵。

47

當誠信失落，人人難逃負面影響

「民無信不立。」
——孔子

曾經在飛機上看到兩則國外銀行的系列形象廣告，深有感觸。第一則是父親在出門前，拿了一個珍貴的花瓶放在櫃子上，要兒子答應不要去碰它，因為摔破了無法替代。小朋友雖然說好，但後來終究還是忍不住好奇心，拿起來把玩了一會兒以後再放回去。

當父親回來以後，發現花瓶已經被動過了，就問小孩說，你不是答應過我，不會碰這個花瓶的嗎？就在小孩不知該如何回答之際，父親就把花瓶打碎在地上。小孩驚慌哭泣，父親把他抱著，跟他說：「你要記得，最珍貴的就是誠信。」

第二則是另一對父子同遊兒童樂園，詢問旋轉木馬前的售票員票價如何計算。售票員回答說，五歲以下兒童免費，您小孩多大？父親回答說，小朋友六歲，隨即要付錢給他。售票員說，您大可以跟我說他年紀更小一點，我真的也看不出差別。父親回答，這樣說是沒錯，但是小朋友會知道。接著父子相視而笑。

我對這家外國銀行一無所知，不知其對誠信的落實程度，但是深深覺得這不只是一家銀行或是金融機構應該標榜的原則，更應該成為台灣社會努力拾回的共同價值。

台灣社會的誠信該如何重建？

「民無信不立」，是我們從小就琅琅上口的一句話。國家得不到人民信任就無法穩固，個人若沒有信用就無法在社會立足。曾幾何時，這些價值已經在實踐中被丟棄了。政治人物反反覆覆、立場不一，在朝和在野時，說法和做法南轅北轍，或是慣用雙重標準進行護航或鬥爭。擔任重要職位的官員或民意代表，說話前如未能掌握事實，恣意發言，或是對自己的承諾毫不在意，就會讓民眾逐漸失去信任。

名嘴和媒體在報導和評論時，似乎也不是很在乎自己言論的真實性，是否禁得起時間的檢驗。名嘴對各種事情捕風捉影的臆測，甚至惡意的不實指控，在當今標舉言論自由的司法環境下，幾乎都無須負責。通告費照領、打打知名度，還可以伺機參與選舉。有以爆料聞名的週刊和名嘴在幾件官司上頻頻敗訴，似乎對他們也沒有影響，反正只要雜誌繼續熱賣，或是自己依然有節目收入和影響力，就把賠償當做是必要的營運成本吧，至於誠信原則及做人道理和對社會的影響，就不關他們的事了。姑且不論單一事件中被傷害的當事人如何平復，更大的負面影響是整個社會的價值觀，在這樣的環境下被嚴重扭曲。

這些人為什麼能夠這樣做？原因是人民允許。奇怪的是，大多數人不會教導自己的孩子要言而無信，也不會在自己的家庭和工作上這樣做，但是卻默許整體社會存在這樣的氛圍。有時候是黨派立場影響，因為支持同黨派的政治人物和媒體蒙蔽了我們的判斷；有時候是受到片面資訊誤導，反正實際情況也不太清楚，但有人指控，必有幾分真實。

更多時候，是我們已經不在乎真相了，反正每天吵來吵去，由他去吧。但是我們忽略了**當一個社會不再視誠信為必要價值，就是在鼓勵「為達目的，不擇手段」**，這也就是體系開始崩壞之時。短時間雖認為不干我事，長期來看，人人都難逃其負面影響。當人不再需要為自己的言論真實性負責的時候，公共政策不再能夠基於事實的基礎來討論，任何價值都依立場決定而不再有是非，這樣的環境，要奢求談什麼發展都是空想。

廣告中的父親，為了教導孩子誠信的價值觀，願意打破一個珍貴的花瓶。我們願意做些什麼，來重建台灣社會的誠信呢？

48

守住身為人的基本價值觀

「品格像一棵樹，名聲則是它的影子。
我們想到的是影子，但樹才是真實的東西。」
——亞伯拉罕・林肯

二〇一九年NBA的總冠軍賽有幾件事讓我印象深刻。勇士隊的球星杜蘭特阿基里斯腱斷裂，在比賽過程中痛苦倒地。第一時間，對手多倫多暴龍隊的部分主場球迷開始歡呼，因為少了一位這麼強勁對手，獲勝機會大增。當時好幾位暴龍隊的球員挺身而出，示意觀眾停止這種不人性的做法。後來暴龍球迷改為幫杜蘭特鼓掌，並高喊他的名字，為他加油打氣。

這件事發生的前兩戰，也發

生另外一件事。一位勇士隊的觀眾，在暴龍隊後衛飛身救界外球的時候，趁機伸手推他一把，還發言辱罵。後來發現這位觀眾不只是普通的球迷，而是勇士隊的股東之一。這位股東事後被罰50萬美元，並被禁止在一年內進入任何球場觀賽。

先做好一個人，再去做一位球迷

這些事情會發生，原因是部分球迷過於入戲，把球場勝負看得比真實人生還重要，忘了自己應該先做好一個人，再去做一位球迷。許多NBA球員也表達對這些球迷不敢苟同的態度，畢竟勝負只是一場球賽，再怎麼重要，也不應該凌駕於一個球員的健康之上。

球評羅斯（Jalen Rose）認為整個運動文化也是讓杜蘭特受傷的推手之一。當一名職業球員賺很多錢時，人們就會認為他對所有事情免疫，忘記他還是一個人。所以當杜蘭特因傷休息時，承受很大的壓力，必須在還沒有完全康復的情況下，就趕快回到球場效力，否則會一直受到不忠誠或是不盡全力的質疑。等到他受重傷，大家才了解到他之前傷勢的嚴重性。這種運動文化，也是不夠人性的一部分。

其實不只是球賽，這個道理在任何領域都是一樣的。在商場上，**先守住一個人基本的價值觀，再設法賺取合理的利潤**，政治上的競爭亦復如是。政治人物也好，一般選民也好，都不要被熱情或利益沖昏頭，忘記政治競爭的目的是在服務人民、團結國家。先做好一個人該有的本分，再為個別立場和利益努力，有從人性出發的優良運動文化、商業文化和政治文化，這些領域才會有正向的發展和循環。

在球場上，我們還可以看到競爭對手的球員站出來，呼籲自己的支持者給對方掌聲，或是在比賽結束之後，真心相互擁抱並擊掌打氣。但在政治場域上，就真的少之又少了。比較常見的是相互視為寇讎，以殲滅對方為目的，用盡全力挑起支持者的仇恨情緒，深怕負面能量不夠強大。

先做人，再做政治人

詹森（Lyndon Johnson）總統在擔任參議員時，是很有權勢的多數黨領袖。他曾經說過，自己在投票或做政治決定時，心中考量的優先順序是：「我是一個自由人、一個美國人、一個聯邦參議員，以及一個民主黨員，以上依序排列。」

這段話很值得大家思考。我們看到在政治場域中，不管是選前或選後，黨內黨外都殺得刀刀見骨。如果我們可以先把自己當做一個自由人，以普世的道德觀和價值觀做為思考和做事的出發點，再回到國家本位，最後才是黨派立場。不要跟著仇恨魔咒起舞，把選舉勝負和政治攻防的結果看得比人性還重要，用不擇手段的方式進行競爭。先做人，再做政治人。

49

用無限思維
創造無所限制的人生

「人生就像滾雪球，你只要找到濕潤的雪和很長的坡道。」
——華倫．巴菲特

最近看新聞，不管是美國總統選舉的劇烈變化和攻防，或是台灣政局的對抗及紛擾，都讓人心煩，因為其結果都會決定國家未來走向，直接影響大家的生計和發展。最令我感到不安的是，這些攸關人民長期發展的政治和政策議題，參與討論或是有決定權的人，往往都是用短期利益和本位主義來思考，而不是從長期及全體利害出發。

我想到了幾年前出版的一本書《無限賽局》（*The Infinite*

Game），作者賽門・西奈克（Simon Sinek）提出兩種思維模式的對比。採取「有限思維」的人用的是短期、可量化、競爭的世界觀；**擁有「無限思維」的人想的則是長期、理想性和共好的世界觀**。不同思維帶來不同做法和結果。

如果比較政治和企業兩個領域，理應為國家奠定長期發展基礎的政界，應該更要有無限思維，而每月每季結算數字的商業界則較重視短期表現，但實則不然。政界不確定性高，一任也才四年，反而更著重在短期民調，甚至是投票當天的表現而較少規劃長期發展。企業的擁有者經營時間長，還希望能夠代代傳承，因此許多會做長遠考量和布局。

政治和企業的競爭模式也不一樣。政治經常是零和遊戲，選票一開，贏者全拿。企業商場則多非零和，A公司市占率下滑不代表B公司必然得利，因此互相攻擊相對少見。這些差異就影響了看待對手的態度和採用的手段。

提高人生格局，首要提升思維

二〇一九年賓士汽車（Mercedes-Benz）執行長蔡澈（Dieter Zetsche）退休時，BMW拍了一個廣告致敬。內容是蔡澈退休當天被司機送回家後，從自家車庫開了一台BMW出門，配上「終於自由了」的字幕。賓士則在社群網路上引用了這個廣告並回覆，謝謝BMW，但我們百分之百確定蔡澈已經選擇了賓士的EQ車型。

其實賓士在二〇一六年也拍過一個廣告祝賀BMW一百週年，裡面提到，謝謝你們一百年來的競爭，沒有你們的前三十年其實有點無聊。

這個心態非常重要。這兩家公司以無限思維把對方當成可敬的對手，視為激勵自己進步的動力，也希望跟對手一起壯大。雙方的競爭方式不是醜化攻擊對方，而是同時提升了兩邊的品牌和格局。

政治上則經常只想打敗對手，容易落入為達利益不擇手段的滑坡。長期互相攻擊和有限思維的結果，就是造成社會的極化對立和從政人士的形象整體下滑，以及公共政策無法解決長期結構問題的弊病。

試想，台灣的半導體布局和經營了多久，才有今天的榮景？現在我們又為未來的發展布了哪些局？過去讓我們成功的原因，不一定能幫我們度過未來的挑戰。利益都是跟短期表現和指標掛勾，就不會有長期思維。

無限賽局有五個基本原則：崇高信念、團隊信任、可敬對手、應變準備以及領導勇氣。我們可以檢視一下從國家發展藍圖、公司或組織發展到個人生涯規劃，我們有沒有具備這些條件？做人做事究竟是依從有限思維還是無限思維？長期宗旨是什麼？努力目標是什麼？千萬不要活出像法王路易十五（Louis XV）在一七五七年說的那種心態，「我死後，洪水氾濫干我何事？」對當下和未來都要擔負起應有的責任。

50
公平正義不是一道簡單的是非題

「公平並不意味著每個人都得到相同的東西，
而是意味著每個人得到他們所需要的。」
——雷克．萊爾頓（Rick Riordan）

公平正義是一個很容易被操作的價值。一個複雜的事件，用預設立場的懶人包或是乾脆簡化成一句口號，更容易打動人心，尤其在這個網路社群瞬間轉發的年代。百分之九十以上聲援的群眾，都是基於正義感，路見不平，群起撻伐。

至於帶頭大哥大姊們，是真的不知道事實真相，或是別有企圖，當時不得而知，但時間一拉長就很清楚。羅蘭夫人（Madame Roland）對法國大革命的感慨：

「自由、自由，多少罪惡假汝之名而行。」把自由換成正義，一樣可行。

社會需要相互尊重的公共論壇

我家小朋友小時候最喜歡在看電影的時候問我，這個是好人還是壞人。電影為了說故事，往往把角色塑造得黑白分明。真實生活裡，好人會做壞事，壞人也會做好事，還有更多的是不好不壞的人，在不同的狀況和價值觀裡做選擇。小朋友慢慢長大就比較不問這個問題了，重要的是，台灣社會在面對公共議題的時候，也應該早日跳出好人壞人的二分法，誠實面對絕大多數公共政策的選擇，都會牽涉到不同的面向和相對價值，在房價、稅制、能源政策或是轉型正義上，都是一樣。

以房價為例，打房目的是要抑制房價高漲，讓年輕人有機會買屋。先前推出的青年安心成家方案，提供最高額度一千萬完，最長四十年的貸款年限，由政府補貼利息的低利貸款用意當然是要幫助年輕人購屋，但因優惠條件造成成交量增加，房價反而得到支撐。另一個副作用則是報載許多案例都是藉由年輕人名義買房，用五年寬限期只繳利息不還本金的低成本，待房價上漲後出售獲利，結果變成另類炒房。

再看能源政策，推動風電和太陽能等綠電本來是好事，但須了解其本質上就是週期性的不穩定供電，不可以做為基載電力。而綠電推動過程更有破壞環境和產生弊端之虞，例如漁電共生造成魚塭生態破壞，前期規劃和後續完工結果不同和後續太陽能板廢料處理等問題。非核固然是可追求的理想，但台灣現今電力消耗加上未來AI算力的總電力需求，以及考量二〇五〇淨零碳排的目標，到底該如何訂出合理配比，而不能只以單一非核目標做為不可更動的神主牌，因為科技會進步且目標理想會改變，過去沒有碳排問題要考量，但現在已是環保永續及經濟出口的雙重關鍵因素。

舉這些例子是要說明，一個事件或是一項政策，往往牽涉的層面非常多元，絕非直覺反應和懶人包可以涵蓋清楚的，社會必須要有可以理性討論事務的公共論壇。

回顧台灣過去幾年來，往往一個事件一開始鬧得沸沸揚揚，到最後卻是無疾而終，事過境遷再回顧，會有很多感慨。例如過去鬧得沸沸揚揚的文林苑爭議，被有心人士政治操作成強拆民宅的居住正義議題，雖達到了政治鬥爭的目的，卻扭曲了事實，也妨礙了全台灣都市更新的整體進度。

後來在完工交屋時，房價就漲了三倍，原住戶們還開心地邀請郝龍斌前台北市市長參加感恩餐會。這個案子在拆除前，台北市政府走完了所有的法律和行政程序，還接到內政部營建署公文明示此為地方主管機關之法定義務，但媒體和輿論的大量關切，始自拆除的那一刻起，台北市政府成為眾矢之的，在政治操作下，每位市民的家似乎都成為下一個可能被拆除的對象。此案之後，不但台北市都更案進度停滯，還連帶影響全台灣各縣市，無論從都市更新或是強化防震能力的觀點來看，都付出了龐大的社會成本。

多數事情的公平正義，不是懶人包或是口號可以說得清的。哈佛大學邁可・桑德爾（Michael J. Sandel）教授的《正義》（*Justice*）書中，舉出了太多的實例，讓我們思考公平正義的追求，在絕大多數的情況下，都必須在個人福利的分配、自由意志的選擇和道德原則問題上做出取捨，而非簡單的是非題。**在社會上培養犧牲服務的公民**

精神，在自由市場上建立道德限制，並且在公共論壇上培養相互尊重的對話機制，才是負責任面對問題的正道。

51

兼顧公平正義的升級版資本主義

「一個社會若大部分成員都貧困而痛苦，
這個社會絕不可能繁榮和幸福。」
——亞當・斯密（Adam Smith）

一般衡量一家公司的薪資水平，不外乎看市場平均或是占營收比例等指標。但是PayPal這家公司的前總裁丹・舒爾曼（Dan Schulman）卻是以員工實際的生活需求做為給薪的標準。前者是從產業的供給面出發，後者則是從員工的需求面。

事情的起源是PayPal在二〇一八年對於基層員工進行財務狀況的調查。結果發現雖然該公司的薪資結構已經優於同業市場平均，但還是有約三分之二的員工入不敷出。舒爾曼開始思考，到底多少薪水才算夠，應該如何敘薪？

PayPal 用「可支配淨收入」（Net Disposable Income，簡稱 NDI）的概念來處理薪資問題。NDI 指的是員工薪資扣除必要的生活開銷及稅金之後，還剩下多少真正可以支配的所得。他們希望員工收入應該要有至少20％，可以做儲蓄或是消費在非必要的事物上。

他們做的還不只這項。PayPal 讓員工都成為股東、降低員工健保支出、提高薪資並提供財務諮詢方案幫助員工理財、在 App 上就能決定自己何時領薪、建立預算、自動提撥儲蓄並追蹤花費。舒爾曼解釋，照顧員工本來就是該做的事，如果員工每天都在擔憂自己的財務狀況，就不可能在工作上全力投入而能有優異表現。無後顧之憂的員工，是重要的策略投資，也是公司未來成長的基石。

PayPal 的給薪思考

我們試著跳脫從一家公司的角度來看這個問題。根據樂施會（Oxfam）的報告，全球最有錢的26位富翁所擁有的財產，等同於世上最窮的50％人口，也就是約40億人的財產總和。另一方面，從一九九〇到二〇一五年間，世界上最有錢的1％人口的碳排放量，是最窮的50％人口碳排放量的兩倍。

大約六十年前，著名的經濟學家傅利曼（Milton Friedman）提出，企業唯一的社會責任，就是增加利潤。經過這麼多年的資本主義實踐證明，這是錯誤的觀念。**企業對人的社會責任以及對環境的永續責任，都是不可推卸的使命。**除了賺錢之外，企業都應該思考自己的存在對社會的貢獻何在、解決了什麼問題、提供了哪些產品和服務，這才是企業真正的價值。誠如舒爾曼所言，他支持資本主義，但需要升級版本，只靠市場機制可能可以刺激創新和商機，但是無法創造出正義和平等的社會。

現在全球普遍存在著極度不均的貧富和消費差距，這也是造成民粹高漲、政治和社會環境不穩定的重要因素。這個挑戰不單是政府的責任，企業和個人都應該盡一己之力。政府制定並執行公平的遊戲規則、企業在能力範圍內盡力照顧員工、個人也對自己財務做合理的規劃，讓貧富差距不再成為社會對立的鴻溝。

在財務表現上，PayPal的獲利和股價不但並未因此受到影響，反而持續上升。員工的可支配所得，也從4％進步到16％。一家PayPal的改變，提升了兩萬三千位員工的生活。持平地說，不同的產業和公司獲利率及員工薪資占營收比例存在有極大的差異，不是所有的企業都可以全盤複製PayPal的做法。但是這個照顧員工的精神值得所有人參考，能夠找出最適合自己的做法，善盡對環境和社會的責任，讓升級版資本主義既能創新發展，又能兼顧公平正義。

52

除了獲利，也要讓世界變得更好

「你希望看見世界改變，你必須先成為你想看到的改變。」
——甘地

曾被莫拉克颱風沖毀的台東延平鄉紅葉溫泉，在歷經兩年多的修復之後，終於重新開幕了。台泥綠能邀請雲品國際共同參與這個案子，以地熱發電結合溫泉觀光，過程雖然辛苦，但是格外有成就感。

這個案子從一開始的定位，就和一般純粹商業的考量有所區隔。我們不只著眼在園區的商業營運模式，更希望將其打造成地方共生共榮的平台。我們在地方謙卑學習，結識了許多好夥伴。

在餐飲部分和「烏尼囊多元文化工作坊」、「M' Loma」、「卡那歲工作坊」與「蕎仁美部落廚房」在台北頤宮合辦活動，讓米其林三星和台東慢食三星相互激盪，一起成長。住宿部分則有「One Taitung」、「比砂麓」和「宜興園」等民宿加入「紅葉COLLECTION」，一起討論如何提升服務，共同行銷。

行善和獲利可以兼顧

目前的營運團隊中有約七成同仁來自延平鄉，園區販售的絕大多數伴手禮也都是很有質感的當地產品。我們在串連地方夥伴時，心情是愉悅的，也在過程中學習良多。舉例來說，在拜訪桃源國小時，看到小朋友作業簿上寫的古老布農族諺語：「人住在土地上只是暫時借用，總有一天必須歸還，因為地必須重新清洗。」這是多麼具有時代意義和環保永續概念的智慧話語！

我後來回想，為什麼我們做這個案子時特別開心且有成就感？答案就在《目的與獲利》（*Purpose and Profit*）這本書中。作者喬治・塞拉分（George Serafeim）是哈佛商學院講座教授，在二十多年前就投入當時很冷門的ESG（Environmental、Social、Governance，環保、社會責任和公司治理）領域。他認為公司必須要有獲利以外的「目的」，這個目的可以是ESG，也可以是一個有利於社會或人類的使命及目標。

他發現早期普遍的觀念是公司投入ESG的資源，就是要從獲利中來割捨，必須審慎地二擇一。但是這幾年來觀念逐漸改變，行善和獲利是可以兼顧的，而且還有數據來證明。

作者分析了數千家公司發現，以ESG或目的導向的企業，股票報酬率比競爭對手高。例如發現（Discovery）保險集團企業宗旨是讓客戶過更健康的生活，所以他們提供各種誘因，在超市買健康食品、固定上健身房、從汽車追蹤器確認安全駕駛等，都可以得到折扣。結果客戶保費和公司醫療賠償同步降低，達到了客戶更健康長壽、公司獲利增加、員工有成就感的三贏。

但並不是說企業只要全力投入ＥＳＧ，就一定會領先競爭者或是獲利。企業還是必須要慎選和自己本業相對應的ＥＳＧ領域，預估所在產業未來變化趨勢，針對問題有效率地善用資源去找到解決方案，這樣才是有效結合ＥＳＧ和獲利的模式。

另外，在現在的自由競爭市場上，客戶的選擇非常多，為什麼要選擇我們的產品？除了產品的本質必須優良之外，更應該以ＥＳＧ做市場區隔，訴求理念相近的客戶。

能夠讓世界變得更好，又能在過程中獲利，是絕佳組合。所有組織都應該思考自己的「目的」，有目的的公司才能吸引並留住好人才，才能有熱情奮鬥的目標，能建立好的品牌形象，吸引相同理念的客人，也才有長遠發展的前景。

53
自私自利的公司走不遠

「完全致力於服務的企業只有一個關於利潤的擔憂，
那就是利潤會大得令人難以置信。」
——亨利·福特（Henry Ford）

最近得知一個好消息，雲品的企業社會責任報告書得到了台灣企業永續獎的白金獎肯定。得到獎項的肯定不是目的，公司裡的每一位同仁都能真心相信並認同永續環境、社會關懷及公司治理的重要性，並且在每一天的日常工作中落實，才是最重要的目標。

我們希望本著永續和深度旅行的精神，來推動「文藝復興的壯遊」。在旅行中，從文化藝術感受到以人為本的人文精神，在壯遊中增進不同文化間的了解，以及人類的和諧和福祉，讓永續、溝通和深度體驗成為我們的DNA，這是公司的使命。

我自己對社會責任的心態和價值觀並不是一開始就很正確，這些年逐漸在公司領導者的身體力行帶領下觀察學習和反省，才逐漸了解到企業社會責任的真諦。

企業是改變世界的平台

最早開始接觸到這個議題時，坦白說，心態上只是把它當做必要的功課，就是公司支持認同的公益組織或是辦理公益活動，適度地回饋社會就是了，而沒有從使命和價值的高度來看待。後來才慢慢認知到CSR或是ESG，不是官樣文章，而是企業核心價值的具體展現，也是企業文化的最重要基礎。

知名學者艾德．夏恩（Edgar H. Schein）提出組織文化模型中企業文化的三個層次。最底層的共同信念與假設、中層的公司價值理念，以及上層可觀察到的行為和外觀。看不到的信念和文化，會決定看得到的行為。

彼得．杜拉克說過：「企業文化把策略當早餐吃。」意思是經營策略固然重要，企業文化才是終極影響企業成敗的因素。例如面對危機時，因應策略的制定固然重要，但是企業文化才是決定團隊如何應變以及戰力的最重要因素。

透過價值的凝聚，不但建立團隊，更是擔負其企業的存在對社會影響的責任。企業的使命，不只是對顧客、員工和股東負責，更要對社會和自然環境做出貢獻。

Salesforce 創辦人馬克．貝尼奧夫（Marc Benioff）有一本著作書名為《開拓者》（*Trailblazer*），我非常認同他提出來的概念，「企業的力量是改變世界最好的平台。」企業不要把獲利和行善看成互斥的選項，相反地，有很多例子證明市場會獎勵做好事的企業。

我想一方面遵循正道的企業能夠走得長久，而且一流的人才不會願意待在價值觀扭曲的職場環境，會積極尋找自己認同的公司效力。能夠吸引好人才的公司，才會有競爭力。況且理念和價值，不但可以吸引人才，也愈來愈吸引具備進步價值觀的客人。即使從功利的角度來看，企業都應該行善，更不要說這本來就是應該做、值得做的事。

一家公司，如果心心念念的都是如何為人類和社會面臨的問題貢獻一己力量，就會有存在的價值和機會；反之，一家完全考慮自利的公司，絕不可能走得長久。一家公司的力量有限，希望所有的公司一起努力，不要只做一個績優的企業，更要做一個行善的企業，誠如貝尼奧夫所言：「企業的力量是改變世界最好的平台。」

54

這個世界是向孩子借來的

「人住在土地上只是暫時的，總有一天必須歸還，
因為地必須重新清洗。」
——布農族諺語

每一年，國際組織全球足跡網路（Global Footprint Network）都會計算人類消耗自然資源的速度，來決定哪一天過後會是地球超載日。這幾年的模式，大概都落在八月。意思是地球一年所產生的資源，大約只夠人們使用七個月，一年中我們有五個月所用的資源，是跟生態預支的，也就是向我們的下一代借用。我們每個人都有責任，想想該怎麼辦。

比爾．蓋茲盡了他的責任，不但在過去幾年在其基金會致力

於乾淨能源的投資，尋找新技術解決問題，還出版《如何避免氣候災難》（*How to Avoid a Climate Disaster*）一書，呼籲全球正視問題的嚴重性。由於他兼具科技知識和營運長才，能夠深入淺出地解釋目前面對的問題和可能的解方，很有參考價值。

比爾・蓋茲的環保建言

每一年，全球排放510億噸溫室氣體，努力的目標數字必須將之降為0。我原本以為只要逐漸地降低排放，即可慢慢扭轉情勢，看了蓋茲的比喻才了解，原來這件事的本質像浴缸淹水，水位正慢慢提高，降低水龍頭流速只能延緩溢出（災難），短期必須完全關掉，長期再設法排水，才能解決問題。

蓋茲看事情務實且全面。他先提供人類活動排放溫室氣體的大圖像如下：製造產品31%、用電27%、耕種養殖19%、交通運輸16%，以及調節溫度7%。接著再逐項討論如何在每一個類別降低排放的方法和困難。

所有的方法，都必須要考量能解決多少比例的排放？需要多少空間？花費多少錢？然後在不同的選項中找到最適方案。許多國家在公共政策的決定上，是背道而馳的，跳脫了數字現實和專業考量，抱著單一價值隨機地發展各項能源方案，自然無法解決問題。

有一些違反直覺的政策和做法，更需要大家警惕。例如科學研究警示我們，富國應該在二〇五〇年以前達到零排放以避免氣候災難。直覺上，二〇三〇年能夠盡量減碳排，應該有助於達成目標，但事實不盡然如此。

如果我們用錯方法，只專注在二〇三〇年的成效，例如去興建燃氣電廠來取代燃煤電廠，就無法在二〇五〇年達到零碳排，因為現在的投資必須要運轉數十年才能回收，而燃氣電廠還是會排放溫室氣體。所以從二〇五〇年的角度來看，應該要發展廉價穩定的零碳電力，並讓電氣化普及到交通、製造和溫控等領域。

另一個例子則是在某些地點的水壩，可能因為土壤中儲存大量的碳，在剛開始運作的五十到一百年間，成為比煤更嚴重的排放源。這些例子告訴我們，**解決問題不能**

靠直覺、憑激情，而是應該回到科學依據和實證數據去找解方。

氣候變遷所帶來的全球性不穩定，甚至災難，地球村的各地居民已經有了程度不一的體驗。如同愛默生（Emerson）著名詩作〈水〉（Water）中所說：「善用，能妝點欣歡。濫用，將摧毀破壞。」我們不能再濫用環境資源了。

七〇年代的環保先驅溫德爾．貝瑞（Wendell Berry）說，這個世界不是我們從父執輩繼承來的，而是向孩子們借來的。現在已經不是辯論有沒有溫室效應的時候，而是應全面布局，改變生活方式，用科技創新發展可負擔的綠色溢價，來面對人類共同的挑戰。國家、企業和個人都有必須扮演的角色，讓我們都從自己做起，不要對不起下一代。

55

如何面對地球暖化危機？

「氣候危機不是一個政治問題，而是對全人類的道德和精神挑戰。」

——艾爾·高爾（Albert Gore）

人們往往用人定勝天的意志和日新月異的科技，克服自然環境的挑戰，進行各項建設和生產活動，以為這樣就是不斷地推進文明進步。而企業不斷追求更高獲利時，也經常忽略了對環境破壞的外部成本，雖然不會在個別損益表上呈現，但苦果卻是由全體人類共同承擔，因此需要政府管理、社會監督以及企業自覺等面向同時並進。

參加台達電五十週年音樂會有感

之前參加台達電舉辦的五十週年影像音樂會，觀賞由三位國際大師作曲配樂，台北愛樂管弦樂團演出的ＢＢＣ影片「藍色星球２」（*Blue Planet II*）。其中一段是描述一群居住在北極斯瓦巴島的海象，苦無棲身之所，在有限的漂浮冰塊上擁擠地互相推擠，企望自己有塊可以休息的立足之地。其中一對母子，無力與其他海象搏鬥，只好載沉載浮地尋覓新的冰塊，終於在氣力用盡前找到了並吃力地爬了上去。此時主持人李家維教授的旁白令人難過：過去三十年來夏天的海冰減少了40％，「如果這隻小海象有幸長大，依照目前地球暖化的速度，可能也沒有冰塊可以給牠棲息了。」

每個人都對碳排「有所貢獻」。台灣人的碳排量每年人均約12公噸，比大陸、日本、歐盟和多數已開發國家都來得高。跟大家分享我找到的一些資訊：吃一份牛排大約釋放３３０公克的二氧化碳，跟開車4.8公里相近。一支智慧型手機從生產到回收的碳排放約為95公斤，每天使用手機通話兩分鐘，一年約產生47公斤的碳排量。

另一方面，一棵樹平均每年只能吸收約10公斤的二氧化碳，大家可以算算，要種多少樹才能中和掉我們日常生活產生的碳排？這當然不是說我們從此不要吃牛排、開車或用手機，而是提醒自己幾乎所有的行為都在製造碳排，必須有意識地節制，並更積極尋找解方。

例如我們長年協辦的太魯閣峽谷馬拉松，也一直嘗試成為更環保的大型賽會，幾年前開始就不再提供瓶裝水或一次性紙杯，而是由花蓮縣府贈送每位跑者一個方便隨手攜帶的矽膠水杯，讓跑者沿途可以補充水分。大會籌備起來有很大的行政挑戰，跑者也相對不方便，但是卻可以減少數萬個寶特瓶的使用。

環保常常是既不方便又不便宜，但卻是值得做也應該做的事。而且不環保做法的許多外部成本往往被忽略，才會讓人誤以為是比較便宜的。當我們計入破壞環境所造成的後果，甚至會危及人類生存時，這個算式又會不一樣了。

不採取行動的成本最高

日前，《天下雜誌》邀請聯合利華（Unilever）前執行長保羅・波曼（Paul Polman）來台演講，我有幸在晚宴場聆聽提問，得到許多啟發。波曼先生在二〇〇九年接任執行長後，帶領公司不以極大化短期獲利為目標，而要以社會和商業的長期利益做為營運目的，訂下更具挑戰性的永續發展目標，積極開展外部合作來投入永續行為。他改變了公司慣有的運作方式，不再公布季報預測，也不發短期績效獎金，把主管績效評估的標準都訂在長期的表現上，引導大家不做短線思考和操作。長期下來，在他帶領下的聯合利華獲利狀況還遠遠超越同業和大盤，又同時在企業社會責任上做出了巨大貢獻，因此被《金融時報》（*Financial Times*）譽為傑出執行長。

後來他出書闡述「正效益模式」（Net Positive），呼籲企業要思考，在氣候暖化的迫切危機下，只努力淨零是不夠的，要更大膽地採取正效益思維，不要只把企業營運的負值目標訂在零，而要提升到正值，對環境和社會有積極幫助才行。簡言之，不要只是少做壞事，而要多做好事。

根據德國波茨坦氣候影響研究所（Potsdam Institute for Climate Impact Research）二〇二四年四月的報告指出，如以守住二〇五〇年全球升溫不超過攝氏2度為目標，各國逐步淘汰化石燃料來發展再生能源的成本約6兆美元。但如未能守住此防線，二〇五〇年因氣候災害的損失約為38兆美元，占全球收入的五分之一。因此波曼不解地問，當前有10％到12％的全球經濟是花費在戰爭和戰爭準備上，人類當真缺乏智慧到這種程度？這些資源如能拿來減緩氣候和貧富差距問題該有多好。

不作為，就什麼都不會發生，也就是最壞的結果。知道狀況卻又保持沉默的人，也是共犯結構的一環。公司往往擔心ESG轉型要花很多錢，但不採取行動的成本其實是更高的。

我在提問時，請教波曼自己有時感受到的無力感。我們酒店認真規劃並提高成本來和淨零的歐萊德（O'right）洗沐備品合作，每房每天也只能減少2公斤的碳排，但因為台灣整體電力結構碳排量高，因用電造成的碳排就很難有效下降。而俄烏戰爭到二〇二三年九月為止預估的碳排則有1.5億噸，把無數人及公司的努力成果完全打消。個別努力還有意義嗎？

他給了個很激勵人心的回答。第一、人需要希望，自己選擇為值得的事努力。第二、科技會進步，現在認為不太可能克服的問題，先以現在的努力延緩其發生，再等待科技突破來根本解決，所以永遠不要放棄努力。

我們現在創造GDP的方式是不斷鼓勵消費，超出了地球的承載量。我們常認為自己不是問題製造者，但其實我們都是。每個人、每個企業都該自問，社會有沒有因為我們的存在變得更好？人類可以製造汙染，當然也能消滅汙染。我們都知道問題，也有足夠資源和方法，只看有沒有堅持執行的意志力。

跟很多議題一樣，我們不去關心相關資訊，就不會覺得這個議題重要。但不同的是，永續議題不管您關不關注，它在現在和未來都將嚴重影響我們的生活和下一代的未來。

我在台東布農族的小學生作業簿上看到這句原住民的智慧話語：「人住在土地上

只是暫時借用，總有一天必須歸還，因為地必須重新清洗。」土地和環境不是屬於我們這一代人的，我們只是借用且必須交棒給下一代，但是要確保交下去的土地是乾淨的。做為78億人的一分子，不要輕看自己的影響，也不要忘記自己的責任。畢竟不管是集體的破壞或貢獻，都有極大的力量。

56

致力環保，要用對方法

「知識的最大敵人不是無知，而是以為有知識的幻覺。」
——丹尼爾．布爾斯廷（Daniel J. Boorstin）

環保的重要性已經成為主流共識，但是該如何做卻有不同看法。減少消費是否能有效保護環境？回歸農村自然生活，能否降低汙染？如果有人說上述兩個問題的答案都是否定的，您能接受嗎？如果有人說，資本主義是解決環保問題的解方而非病因，您相信嗎？

安德魯．麥克費（Andrew McAfee）在《以少創多》（*More from Less*）的著作中抱持的就是上述觀點。簡單地說，麥克費認為「科技進步」和「資本主義」是驅動環保進步的主要動力。資本主義為了降低成本，會努力地研發科技，使用愈來愈少的天然資源。例如飲料罐，材質從鐵罐變鋁罐，且愈來愈輕，消耗的資源也愈少。

再例如智慧型手機，一支就取代了計算機、手電筒、收音機、指南針和導航機等設備，而愈來愈多的數位生活和運用，也同時減少了原料的使用，降低了地球的負荷。

事實上，這種「去物質化」的趨勢，在美國相當明顯，每年的實質GDP雖然不斷成長，但有九成以上的資源在二〇一五年前就已經過了消耗高峰，開始逐年下降。用一個數字來說明：二〇一七年美國能源總消耗量比二〇〇八年減少約2%，但經濟成長超過15%。換句話說，過去我們認為經濟成長和環境保護必須二擇一的命題，不一定成立。

打開心胸和成見，用科學思考更多可能

但光靠這兩者還不夠，畢竟自利的資本主義，不會積極處理汙染等外部性問題，所以還需要「公眾意識」和「回應民意的政府」來設立規範，防止不當的行為並降低汙染。當這樂觀四騎士同時出現的時候，通常都能獲致良好的結果。一個例子就是一九七〇年代美國通過的《空氣清淨法》：公民重視、政府立法、科技進步、商業競爭四個條件俱備。之後車子的汙染排放降低了99%，更加省油，且馬力更強。

為了環境的永續，**我們一定要致力環保，但要用對方法**。例如之前提問如果人口回歸農村是否對環境有益。事實上，小規模農耕使用資源的效率較低，且居住在都市大樓反而能源效率高、交通成本低，對整體環境比較有利。

作者為哈佛博士、麻省理工學院（MIT）教授，其學術訓練讓他在闡述論點時提供了非常多的數據做支持。我在閱讀時，有許多既定的觀念也不斷被挑戰。例如作者認為基改食品在科學研究上不但對人體無害，也對解決糧食短缺問題，有重大貢

獻。但是有許多消費者因為對未知害怕，進而影響政府限制基改食品的政策。

從書中我們看到了生態環境有機會在經濟成長的前提下持續改善，但這不會自動發生，還是需要所有人的覺醒和努力，來克服外部性的自私人性。另一方面，此書給我一個重要的啟發就是打開心胸和既定的成見，從科學和證據來思考。

現在社會普遍信任感降低、疏離感增加，人們選擇相信資訊的來源愈來愈窄化。有人只相信所屬黨派立場的說法，或是認識的朋友和社群網路裡的訊息，而不願意接受客觀數據支持的論點。之前新冠疫情期間，在美國連戴不戴口罩都跟政黨立場有關，就是一個荒謬但寫實的例子。希望築基於證據和數據的論述，可以刺激大家思考，一起為環境保護來努力。

57

做一個帶給別人正面力量的人——給女兒的一封信

「女兒可能會長大到不再坐在你的膝蓋上，
但她永遠不會大到你的心無法容納。」
——佚名

兩個小孩出生長大的過程，正是我在職涯衝刺忙碌的階段，沒有辦法在時間上做到許多的陪伴，但希望能跟孩子們建立相同的信仰和價值觀。週日固定去教會主日學，希望能打下穩定的磐石基礎，而對日常生活發生的瑣事討論也很重要，影響他們用什麼心態看待未來的人生。

孩子們現在已經成年，只希望他們能平安成長，快樂且有意義地過每一天。女兒還小的時候，就經歷了許多的挫折挑戰。

當時寫了一封信，鼓勵也期許她做一個帶來正面能量的人。很開心又欣慰的是，她似乎正走在這樣的道路方向上。

親愛的小欣：

今年的過年，我們都特別需要感恩。從妳出生以來，因為早產的緣故，比起其他小朋友，不知道多受了多少苦。出生後身上插滿管子，住在保溫箱，雙腿都呈現可怕的黑色。接下來過五關、斬六將。出生第二天醫師就告訴我們，如果心臟瓣膜再過一天沒有閉鎖，就必須要開刀，結果還好隔天中午閉鎖了，逃過了心臟手術的煎熬。接下來就是等待觀察呼吸系統、消化系統和視力聽力等有無受損，隨著妳慢慢成長，最後發現後遺症在於妳走路的穩定度和姿態都受到了影響，必須展開長期的復健。

在這個過程當中，妳始終抱持著樂觀的態度，雖然常常跌倒，但是妳從來不哭泣，默默地站起來繼續前進。更令我高興的是，妳的個性並沒有因而內縮，或是把自己封閉起來，不管跟誰互動，妳都是一個陽光快樂的女孩。不論學鋼琴、聖誕節表演，以及學校的各項活動，妳都主動積極參與，甚至還跟哥哥同時報名了社區的足球運動，每週固定和小朋友們在草坪上踢球，做到了真正的輸贏不重要，運動交朋友。

我雖然沒有親口跟妳說，但妳這樣的生活態度和人格特質，不但令人高興，更經常是我自己遇到挫折時的激勵。

去年底，醫師建議依照妳的復健狀況，現階段在腿部開刀鬆筋是最好的選擇，於是在兩個月前，雙腳動了手術，上了石膏。醫師千叮嚀萬叮嚀，一定不能碰到水，所以我們趕緊去買了防水鞋套預備，也擔心真的下雨時能不能保持乾燥。結果上帝奇妙的帶領，六週來都沒下雨，在妳拆完石膏後的隔天開始下，我和媽媽當時真的都快哭了。

除了上帝之外，妳也千萬不要忘記這段時間幫助妳的學校師長和同學們。剛開完刀後的幾天，連上廁所都需要人幫忙，後來大家還輪流在上下學的時候來協助妳，直到學期結束。這種愛心和患難中的幫助，要永遠記得，並且在妳一生中，有能力幫助別人的時候，要全力地協助，就像別人現在幫妳一樣。

當然，在妳的成長過程中，不是每個人都這麼友善或有愛心，也曾遇到嘲笑傷害妳的人。這不容易做到，但是要設法忽略他們，努力地讓自己好好過生活。他們的不懂事或負面性格，未來必須自己面對後果。我們要試著不被影響，認真積極正面地過生活。

我相信，上帝讓妳在這麼小的年紀，就經歷了這麼多的磨難，未來一定為妳預備了美妙的人生道路在前面。過去的歷練，帶給妳成長，我們要感恩；手術的成功，我們也要感恩。未來復健的成效，就在於妳自己的努力了，希望妳能夠堅持下去。

最近有幾位朋友發生了一些未曾預期的事，也提醒我們真的不知道明天會如何。爸爸提醒妳要把握當下，珍惜身邊的每一個人，也珍惜自己的每一天。希望妳未來能夠永遠維持妳的善良、活潑、友善和熱情，能夠成為別人祝福，做一個帶給別人正面力量的人。

國家圖書館出版品預行編目（CIP）資料

領導自己的人生：盛治仁的生命管理哲學／盛治仁著.
-- 第一版. -- 臺北市：遠見天下文化出版股份有限公
司，2024.12
面；　公分. --（工作生活；BWL101）
ISBN 978-626-417-071-0（平裝）

1.CST：人生哲學　2.CST：自我實現　3.CST：成功法

177.2　　　113017530

工作生活 BWL101

領導自己的人生

盛治仁的生命管理哲學

作者 — 盛治仁

副社長兼總編輯 — 吳佩穎
副總編輯 — 黃安妮
責任編輯 — 黃筱涵
校對 — 魏秋綢（特約）
封面暨內頁設計 — 謝佳穎（特約）

出版者 — 遠見天下文化出版股份有限公司
創辦人 — 高希均、王力行
遠見・天下文化 事業群榮譽董事長 — 高希均
遠見・天下文化 事業群董事長 — 王力行
天下文化社長 — 王力行
天下文化總經理 — 鄧瑋羚
國際事務開發部兼版權中心總監 — 潘欣
法律顧問 — 理律法律事務所陳長文律師
著作權顧問 — 魏啟翔律師
地址 — 台北市 104 松江路 93 巷 1 號
讀者服務專線 — (02) 2662-0012
傳真 — (02) 2662-0007；(02) 2662-0009
電子郵件信箱 — cwpc@cwgv.com.tw
直接郵撥帳號 — 1326703-6 號　遠見天下文化出版股份有限公司

製版廠 — 中原造像股份有限公司
印刷廠 — 中原造像股份有限公司
裝訂廠 — 中原造像股份有限公司
登記證 — 局版台業字第 2517 號
總經銷 — 大和書報圖書股份有限公司｜電話 — (02) 8990-2588
出版日期 — 2024 年 12 月 23 日第一版第 1 次印行
　　　　　2025 年 9 月 16 日第一版第 4 次印行

定價 — NT 420 元
ISBN — 978-626-417-071-0
EISBN — 9786264170635（EPUB）；9786264170642（PDF）
書號 — BWL101
天下文化官網 — bookzone.cwgv.com.tw

天下文化
BELIEVE IN READING